本成果受到中国人民大学 2022 年度
"中央高校建设世界一流大学（学科）和特色发展引导专项资金"支持

罗茸 著

NETWORK
EFFECTS
AND
FIRMS'
DYNAMIC PRICING

网络效应
与企业动态定价

社会科学文献出版社
SOCIAL SCIENCES ACADEMIC PRESS (CHINA)

前　言

产业组织经济学对网络效应的研究在过去 20 年中快速发展，理论与实证研究都积累了大量成果，这不仅有利于学者更加清晰地理解网络效应对企业竞争策略与长期发展的影响，而且为现实中具有网络效应的行业提供了理论指导和实践依据。网络效应在经济中发挥的作用越来越重要，因此对网络效应的进一步研究具有重要的理论和现实意义。

现有关于网络效应的经济学研究主要考虑以下两种情形。第一，间接网络效应对双边市场中平台型企业的影响，如乘客与网约车司机之间的间接网络效应如何影响网约车平台对乘客和司机的定价策略。第二，直接网络效应对具有单一产品网络的非平台型企业的影响，如在线会议软件用户之间的直接网络效应如何影响不同在线会议软件的竞争方式。

然而，现实经济中还存在第三种网络效应与企业之间关系的情形，即产品的间接网络效应或直接网络效应对具有多个产品网络的非平台型企业的影响，如每个智能手机操作系统的用户之间存在网络效应，而每个通信运营商都同时销售多个操作系统的手机。现有文献鲜有对这种情形下的企业决策进行研究，本书将关注这种情形，从理论和实证两个方面来分析多网络企业的定价策略及其对消费者、企业利润和社会福利的影响。

在理论分析部分，本书从消费者效用函数出发，推导消费者对不同网络和产品的需求函数，在此基础上分析多网络企业在有限期框架下的动态定价策略，并与单网络企业的均衡动态定价策略进行比较。结果显示，这两种企业的定价策略截然相反。在单网络企业情形下，网络规模较大的产品具有较高的价格；而在多网络企业情形下，网络规模较大的产品具有较低的价格。这一全新的研究结果意味着，多网络企业的定价策略会提高市场集中度。

此外，市场集中度的提高可能会使得消费者剩余上升，这与其他行业中市场集中度的提高会降低消费者剩余的结论截然相反。其主要原因是，网络效应的正外部性意味着，当消费者都集中在同一个网络时，该正外部性将得到最大化。这一结果表明，市场监管部门在分析具有网络效应的行业的反垄断问题时，需要考虑市场集中可能带来的正向福利影响。

在实证分析部分，本书采用产业组织经济学领域的结构模型建模方法，结合智能手机的价格和销量数据来识别智能手机操作系统层面的网络效应强度，并分析通信运营商之间的动态定价博弈。在通过广义矩估计方法得到模型中的参数估计值之后，本书进一步利用反事实分析方法来定量分析多网络企业的定价策略对消费者和运营商的影响。实证部分的研究结论与理论模型的结论保持一致，即多网络企业在现实中采用了与单网络企业相反的定价策略以最大化企业利润。

读者认真阅读本书后可以有以下两个方面的收获。一方面是掌握网络效应对消费者效用和企业利润的影响机制，熟悉现实中多网络企业与单网络企业两种企业类型，并理解这两类企业为何会选择相反的均衡定价策略。另一方面是通过阅读本书的实证分析部分，基本了解产业组织经济学中的结构模型建模与广义矩估计方法，以及如何设计合理的反事实情形，并基于模型中的参数估计值来求解反事实情形下的新均衡结果，最后通过比较不同情形下的均衡结果来定量判断某一个因素的影响。

当前，基于网络效应的新兴行业在全球各个国家的经济中发挥着越来越重要的作用，对网络效应及其影响的研究将会受到更为广泛的关注，相关的理论与实证研究也将面临更大的挑战。一个挑战是理论滞后于现实，随着新兴行业中涌现出各种新的用户竞争模式，以及所涉及的相关主体日益多元化，各主体之间的合作与分工方式也发生了根本的改变，但理论研究的步伐还远不能跟上现实变化的节奏。另一个挑战是随着数据可获得性的提高，数据中的变量维度不断上升，数据的样本时间逐渐变长，分析大数据的建模方法和估计方法也要与时俱进。

目　录

第一章 术语介绍

一 直接网络效应

当一个消费者使用某商品的效用受到使用该商品人数的直接影响时,这种外部性属于直接网络效应。也就是说,当不同用户从使用该商品中得到的效用互补时,该商品就会表现出直接网络效应。此时,每个用户得到的效用和他使用该商品的激励会随着该商品使用人数的上升而增加。例如,在即时通信领域,人们使用电话的效用取决于可以用电话与多少人进行通话,即拥有电话的人数;在社交网络领域,人们使用一个社交软件(如抖音、微信、微博、Facebook 等)的效用取决于使用该软件的总人数,尤其是使用该软件的家人、朋友和同事的人数;在电子游戏领域,消费者选择一个游戏的效用取决于这个游戏有多少玩家;在在线会议领域,用户使用腾讯会议的效用取决于有多少同事和商业伙伴也在使用该软件。

生产具有直接网络效应的产品的企业通常不属于平台型企业,它们与传统的单边市场中的企业类似,只面向购买其产品的消费者市场，而不需要像平台型企业那样匹配双边市场中的买家和卖家，消费者之间存在直接的正外部性。因此，选择产品的最优价格时，生产具有直接网络效应的产品的企业只需选择面向消费者的产品价格，而不需要在双边市场中同时制定价格来吸引用户。

但是，由于直接网络效应的存在，这些企业面临的定价问题与单边市场中传统企业的定价问题也有很大的不同。直接网络效应意味着企业在当期的价格会影响其在下一期开始时的累计用户数，进而影响企业在下一期的销量和利润。因此，网络效应会促使企业进行动态定价，也就是说企业通过选择产品价格来最大化其长期总利润，而不是只最大化其当期总利润，即企业在对产品定价时会考虑价格对其长期利润的影响。

二 间接网络效应

当一个消费者使用某商品的效用受到使用该商品人数的间接影响时，这种外部性就属于间接网络效应。与直接网络效应不同，间接网络效应是通过同一平台上的两组或者多组主体的行为相互影响的。例如，在个人支付领域，人们使用某一支付方式（信用卡、移动支付、现金）的效用取决于接受这种支付方式的商家数量，而接受该支付方式的商家数量又依赖于使用这种支付方式的消费者数量。此时，消费者之间的正外部性是通过商家数量间接实现的。

在电子产品领域，人们使用某一操作系统（如计算机、手机）的效用取决于该操作系统上可下载的软件数量，而操作系统上的软件数量又受到使用该操作系统的总人数的影响，这是因为，该操作系统的使用人数越多，软件开发商就会为该操作系统开发越多的应用。此时，消费者之间的正外部性是通过操作系统和软件开发商的行为间接实现的。

在电子商务领域，消费者使用电商平台的行为也具有间接网络效应，消费者使用某一电商平台（如 Amazon、京东、淘宝等）获得的效用取决于平台上的商店数量，而影响商店数量的主要因素是使用该平台购物的消费者数量，因此消费者之间的正外部性是通过平台和商店数量间接实现的。

经济学中将以上这些具有间接网络效应的市场称为双边市场，间接网络效应通过消费者、平台、商家三个主体之间的相互联系来实现。在全世界范围内，以间接网络效应为核心机制的平台经济在过去 20 年间飞速发展，不仅改变了传统行业的经营模式，而且激发了新型平台行业的活力。目前，主要的平台包括电子商务平台（如淘宝、天猫、Amazon、eBay）、旅游出行平台（如携程、滴滴、Uber）、外卖平台（如美团、饿了么、Uber Eats）、短视频平台（如抖音、快手）和社交软件平台（如微信、微博、Facebook、Twitter）等。

三　网络规模

无论是直接网络效应还是间接网络效应，消费者从使用某商品或者加入某平台中获得的效用都依赖于使用该商品或者加入该平台的消费者数量，因此使用同一商品或者加入同一平台的用户形成了一个网络，这些用户的数量被称为网络规模。网络规模随时间动态变化，在每个时间点，都可能有新的消费者进入某一网络，也可能有消费者退出该网络。当新进入网络的消费者数量大于退出网络的消费者数量时，网络规模将增长；反之，网络规模将缩小。

在消费者选择是否购买某个商品或者加入某个平台时，网络规模起着至关重要的作用。网络效应意味着消费者之间存在正外部性，随着网络规模的增长，新进入市场的消费者购买该商品或者加入该平台的意愿随之增强。因此，这种正外部性对网络规模的增长具有自然的促进作用，这种作用独立于其他因素（如价格和广告）对网络规模的影响。

这意味着当市场中存在多个不同的网络时，拥有初始网络规模优势的商品或者平台能够吸引更多的新用户，从而进一步巩固和增强其网络规模优势，扩大其市场份额，甚至最终出现垄断的情形。这一现象被称为用户倾斜（Tipping）。用户倾斜有可能会导致"赢者通吃"（Winner-Take-All）的局面。"赢者通吃"是指具有网络规模优势的商品和企业能够不断扩大其优势，最终达到独占市场的状态。例如，在手机操作系统市场中，BlackBerry 和 Windows Phone 这两个操作系统已经逐渐退出了市场，而 iOS 和 Android 则瓜分了市场；在电商平台市场中，Amazon 在美国市场上处于绝对的领先地位，京东、淘宝和拼多多则占据了中国电商市场的大部分份额。

在某一时间点上，不同网络之间的规模差异可能由以下几个因素造成。

第一，如果商品或者平台进入市场的时间不同，那么早进入市场的商品更容易建立网络规模优势。例如，苹果手机及其操作系统 iOS 在 2007 年进入市场时，使用 BlackBerry 操作系统的黑莓、使用 Windows Phone 操作系统的诺基亚，以及使用 Android 操作系统的三星等品牌和操作系统已经积累了大量消费者，而苹果手机和 iOS 操作系统则没有任何用户。

第二，不同商品或者平台可能会面临不同的需求和供给冲击，导致其用户数量发生变化，从而产生网络规模差异。例如，BlackBerry 曾是智能手机市场的领军者，但在近十年中，由于需求的大幅减少，BlackBerry 的市场份额大幅下滑，与 iOS 和 Android 等操作系统相比，BlackBerry 的用户群体越来越小。

第三，商品之间或者平台之间的质量和服务差异也能改变网络规模的相对大小。例如，苹果手机凭借其美观的设计、便捷的使用体验等迅速积累了大量用户，其操作系统 iOS 成为全球第二大手机操作系统。

第四，商品或者平台的竞争性策略也会直接影响其网络规模的相对大小。在电子商务领域，拼多多以低价策略迅速崛起，成为中国第四大电子商务平台。

市场集中度一直是备受消费者和监管部门关注的问题，高市场集中度存在企业滥用市场支配地位的风险，从而影响消费者和商家的福利。但由于在具有网络效应的行业中，高市场集中度可能是用户之间正外部性最大化的一个自然结果，因此对这些行业市场集中度的福利影响分析需要考虑其特殊性。

四　单归属与多归属

在具有直接网络效应的商品市场中，用户单归属（Single-homing）是指用户不同时使用多个可相互替代的商品，而只使用其中一个商品；在具有间接网络效应的平台市场中，用户单归属是指用户只加入一个平台。与用户单归属相反，用户多归属（Multi-homing）是指用户同时使用多个相互竞争的具有网络效应的商品或者同时加入多个平台。

用户的单归属与多归属选择取决于以下几个因素。第一，商品的价格或者加入一个平台的价格直接影响了用户的归属选择。当价格较高时，消费者通常会选择单归属；而当价格较低或者免费时，消费者更容易选择多归属。例如，由于手机价格较高，因此消费者通常只会购买和使用一部手机，这使得很多手机消费者选择单归属；而消费者可以免费下载和注册使用电商平台，因此消费者通常会对不同的电商平台选择多归属，即同时使用多个不同的电商平台。第二，在平台市场中，平台可能会通过排他性协议要求商家选择单归属。例如，在中国，电商平台和外卖平台都出现过使用"平台二选一"的排他性协议来要求商家选择单归属的情形。

用户的单归属和多归属选择直接决定了商品之间或者平台之间的竞争程度。在具有直接网络效应的市场中，当所有用户选择单归属时，一个商品的用户数量越多，其网络规模就越大，每一个用户获得的效用也越高，用户的价格需求弹性较小，销售该商品的企业就拥有较强的市场势力，从而可以选择较高的价格。而当所有用户都选择多归属时，每个商品的网络规模是相同的，这使得所有企业的市场势力相当，企业之间的价格竞争会随着多归属用户比例的上升而增强，从而使得各企业在均衡状态下的价格下降。

在具有间接网络效应的平台市场中，消费者和商家都可能选择单归属或者多归属。现有理论研究结果表明，平台市场中用户的单归属和多归属对平台定价有着重要影响。例如，在电子商务平台中，如果所有商家都选择单归属，而消费者可以选择多归属，平台就需要吸引和抢夺选择单归属的商家，这样才会有更多选择多归属的消费者使用该平台，因此平台之间会在单归属的用户市场上相互竞争，降低对单归属用户收取的费用。而如果商家和消费者都可以选择多归属，平台之间的竞争程度就相对较低。

五 渗透性定价

在具有网络效应的市场中，企业通常面临动态定价问题，而不是静态定价问题。动态定价问题是指一个企业在某一期的价格不仅影响它在当期的利润，而且会对企业未来的利润产生影响。在具有网络效应的市场中，企业在某一期的价格会通过累计网络规模的大小影响企业产品在未来的销量和利润，因此企业在某一期的价格对利润具有长期的影响，企业面临长期利润最大化问题，而不是短期利润最大化问题。

网络效应会导致用户倾斜，企业在初入市场时有很强的激励通过低价吸引用户，从而迅速扩大网络规模，建立其市场地位；而在获得网络规模优势之后，消费者从该网络中得到的效用和对该网络的支付意愿也随之上升，这使得企业有激励通过提高价格来增加利润。这种在早期对商品或服务选择低价来吸引用户，而在积累一定用户之后，市场势力的增强又使得企业选择高价来增加利润的定价策略称为渗透性定价（Penetration Pricing）。

现实中，很多平台型企业采取渗透性定价策略来抢占市场。例如，滴滴在最初进入市场时，不仅对乘客给予较低的价格，而且对司机进行高额的补贴，这种价格优势使其迅速吸引了大规模的乘客和司机。然而，随着滴滴乘客规模和司机规模的增长，其带给乘客和司机的效用也随之上升，这使得滴滴在双边市场上都有了较强的市场势力。滴滴逐渐调高了其在乘客和司机市场上的价格，不仅乘客的乘车费用上升，滴滴向司机抽取的乘车费用提成比例也逐渐上升。再如，拼多多在刚进入电商市场时，采取了低价甚至拼单可免费获得商品的策略，由此迅速积累了大量用户，而随着用户和商家数量的增加，拼多多逐渐取消了这一策略。

六　高额定价

在传统的耐用品市场中，很多企业会采取高额定价策略。高额定价策略是指企业根据当前市场中消费者对其商品支付意愿的分布状态调整价格。通常来讲，市场中的消费者对同一个商品的支付意愿存在差异性，当一个商品刚进入市场时，企业可以选择较高的价格，在这样的价格下，市场中具有高支付意愿的消费者会先购买商品。由于该商品属于耐用品，这些消费者购买一次商品后就不再重复购买，因此随着具有高支付意愿的消费者逐渐购买完该商品而退出市场，继续留在市场上的消费者的平均支付意愿逐渐降低，企业会通过降低价格来吸引支付意愿较低的消费者。这种定价方式称为高额定价（Price Skimming）。

高额定价与一级价格歧视类似，可以通过为不同的消费者制定不同的价格以最大限度地将消费者的支付意愿转化为企业收益。两者之间的差别是，一级价格歧视是在同一时间点上对不同的消费者制定不同的价格，而高额定价则是随着时间的推移逐渐调低价格。此外，一级价格歧视要求商家知道每一个消费者对其产品的支付意愿，而高额定价则只要求商家知道市场上现有消费者支付意愿的分布情况。

高额定价策略不仅适用于普通的耐用品，而且适用于具有网络效应的耐用品（如手机、计算机、游戏主机等），通过先高后低的价格来提高企业的长期总利润。例如，任天堂公司对其游戏主机产品，以及苹果公司对其手机产品通常都选择在新品上市时制定较高的价格，然后逐渐降低价格来吸引更多的用户。

七　单网络企业与多网络企业

生产和销售具有网络效应的产品的企业分为单网络企业和多

网络企业两类。一个单网络企业销售的所有产品都属于同一个网络，而一个多网络企业销售的产品则属于多个不同的网络。以智能手机行业为例，每一个手机生产商（如苹果、三星、华为等公司）的产品都属于同一个操作系统网络，其中苹果公司生产的手机都使用 iOS 操作系统，三星公司生产的手机都使用 Android 操作系统，华为公司生产的手机也都使用 Android 操作系统，因此这些公司属于单网络企业。而同样销售手机的通信运营商（中国移动、中国联通和中国电信）则属于多网络企业，因为每家运营商都同时销售苹果手机、三星手机和华为手机，每家运营商的商品属于多个不同的操作系统网络，因此这些公司属于多网络企业。

单网络企业比较常见，而多网络企业除了存在于智能手机行业外，在电视行业和汽车行业也大量存在。例如，电视公司（如 ESPN、NBC）的每一个电视台都对应一个网络，同一个电视台的消费者之间存在间接网络效应，这是因为当一个电视台的观众数量增加时，该电视台会制作更多的节目，而更多的节目又可以吸引更多的观众并增加已有观众的效用。在电视市场中，有线电视公司和卫星电视公司则会将不同电视台的节目打包销售，即同时销售多个电视台的节目。在这个例子中，有线电视公司和卫星电视公司都是多网络企业。

再如，每个汽车品牌都有自己的品牌网络，同一个汽车品牌的用户之间存在间接网络效应，当用户数量增加时，该品牌的销售商和修理商都将增加，这可以提高用户的效用。在汽车市场中，同一个经销商可以销售多个汽车品牌，这样的汽车经销商也属于多网络企业。

在选择产品的最优定价策略方面，单网络企业和多网络企业既有相同之处，也有不同之处。相同之处体现在以下两个方面。

首先，从跨期定价策略来看，两种企业都有激励采用渗透性定价策略或者高额定价策略。在渗透性定价策略下，企业在前期选择低价来快速积累用户，当用户网络规模上升到一定程度时，企业选择高价来增加利润；在高额定价策略下，企业在前期选择高价来吸引具有高支付意愿的消费者，随着具有高支付意愿的消费者逐渐退出市场，企业便逐渐降低价格来吸引支付意愿较低的消费者。

其次，从单一时期定价策略来看，两种企业都面临投资于当前网络规模和收获当前网络规模的权衡（Invest vs. Harvest）。其中，投资于当前网络规模是指选择低价来吸引消费者，从而扩大网络规模，提高未来的长期利润；而收获当前网络规模是指利用当前网络规模带给消费者的较高支付意愿，选择高价来提高当期利润。企业需要比较投资于当前网络规模和收获当前网络规模对其利润的影响，最终选择最优定价策略。

然而，单网络企业和多网络企业在定价策略上也存在较大差别，主要体现在以下三个方面。

第一，多网络企业的利润会随着网络集中度的上升而增加，为了获得更高的网络集中度，多网络企业倾向于为网络规模大的产品制定低价，而为网络规模小的产品制定相对较高的价格，从而使更多消费者购买网络规模大的产品。当网络集中度上升时，消费者从最大网络中得到的效用和支付意愿都会增强，因此网络集中度上升时，多网络企业的利润会随之增加。而单网络企业由于只销售一个网络上的产品，因此无法对不同的网络进行差异化定价，也不能从网络集中度上升中得到更高的利润。

多网络企业的这种定价激励与文献中关于单网络企业定价策略的研究结论完全相反。例如，Cabral（2011）发现当单网络企业之间相互竞争时，具有初始网络规模优势的企业会在每一期都选择更高的价格，而且即使选择了高价，具有网络规模优势的企业依然能在每一期持续保持其网络规模优势。这个结论与传统的企业价格竞争模型一致，也就是在没有网络效应时，具有更高质量产品的企业在均衡时会选择更高的价格。在具有网络效应时，具有网络规模优势的产品拥有更高的质量，这种质量体现在产品的网络规模优势上。

第二，多网络企业比单网络企业拥有更强的市场势力，这体现在多网络企业通过销售多个网络上的产品，可以将不同网络之间的竞争内生化，对所有网络上的产品都可以制定比单网络企业更高的价格。多网络企业的市场势力体现在消费者对其产品的需求弹性上。对于单网络企业而言，当其产品价格上升时，所有会因此而改变选择的消费者都会转移到其他单网络企业的产品和网络上，在这种情形下，消费者对单网络企业的产品需求弹性较大。但是，当多网络企业提高某个网络上产品的价格时，在所有会因此而改变选择的消费者中，有一部分消费者会选择该多网络企业其他网络上的产品，这意味着消费者对该企业的需求弹性相对较小。因此，与单网络企业相比，多网络企业在制定价格时，可以对所有网络上的产品都制定相对较高的价格。

第三，当多个多网络企业都销售同一个网络上的产品时，其中一个多网络企业制定低价会对其他多网络企业产生正向的溢出效应，这种溢出效应会抑制企业选择低价的激励，从而对价格产生正向影响。具体来看，假定有两个企业都销售某网络上的产品，当一个多网络企业（如企业 A）对这个共同网络上的产品选择低价时，该网络的用户规模将增加，正网络外部性意味着这样会提高该网络上所有消费者的效用，包括通过购买其他企业（如企业 B）的同网络产品而加入该网络的消费者，因此企业 A 的低价策略可以帮助企业 B 在未来获得更多消费者和利润。这种溢出效应使得多网络企业通过制定低价来扩大共有网络用户规模的激励变小，因此与单网络企业相比，多网络企业会制定相对较高的价格。

参考文献

［1］Cabral，L.，"Dynamic Price Competition with Network Effects"，*The Review of Economic Studies*，2011，78（1），pp. 83-111.

第二章 有限期框架下的企业定价理论研究

通过上一章对单网络企业和多网络企业的对比，本章将从理论上分析和对比两种企业的动态定价策略。首先建立一个消费者需求模型，该需求模型采用实证产业组织经济学领域的离散选择模型，基于该需求模型，推导出消费者的需求函数。给定需求函数，建立两种供给模型情形：在第一种情形下，两个单网络企业进行有限期动态定价博弈；在第二种情形下，一个多网络企业对两个网络上的产品进行有限期动态定价。采用逆向归纳法求解两种情形下的均衡定价策略，然后进行对比。此外，本章进一步通过数值分析来研究多网络企业之间的竞争以及博弈期数对两种企业均衡策略的影响。

一　消费者需求：Logit 离散选择模型

考虑具有网络效应的两种商品 A 与 B，它们分别属于两个不同的网络。为了简化符号，同样用 A 和 B 分别表示它们所属的网络。考虑一个有限期模型，时期长度为 T 期，消费者可以在任意时期 t（$t \in \{1, 2, \cdots, T\}$）购买商品。假定一旦消费者购买了其中一种商品，他便加入了这个商品对应的网络，并且之后不会再次进入市场。这个假设的主要依据是消费者对耐用品的消费习惯，如果这两种商品都是耐用品，那么消费者在购买一种耐用品之后，就不需要再次购买同类商品了，或者至少在短期内不需要再次购买。

将消费者的总量标准化为 1，将两个网络在第 t 期期初的市场份额表示为 $n_t = (n_{At}, n_{Bt})$。假设有一部分消费者在第一期期初没有加入任何一个网络，即 $n_{A1}+n_{B1}<1$，如果所有消费者都已经加入了其中一个网络，那么就没有消费者需要购买商品了，因而对企业的定价分析也就不需要进行了。在每个时期，只有未加入任何网络的消费者会进入市场并考虑是否购买某种商品。因此，第 t 期的消费者市场规模为 $M_t = 1-n_{At}-n_{Bt}$。

假定消费者 i 在第 t 期购买商品 j（$j \in \{A, B\}$）得到的效用是：

$$u_{ijt} = \delta_j + \gamma\, n_{jt} - \alpha\, p_{jt} + \varepsilon_{ijt}$$

其中，δ_j 用以衡量商品 j 的质量，p_{jt} 是商品 j 在第 t 期的价格，ε_{ijt} 是消费者 i 购买商品 j 时得到的随机效用冲击项。n_{jt} 是商品 j 的网络规模，参数 γ（$\gamma>0$）用以衡量网络效应的强度，$\gamma\, n_{jt}$ 是商品 j 的网络效应带给消费者的效用。在本章中，网络效应参数 γ 衡量的是直接网络效应和间接网络效应的综合影响。当产品具有直接网络效应时，γ 表示增加网络规模对消费者效用的直接影响；当产品具有间接网络效应时，γ 表示增加网络规模对消费者效用的间接影响。这通常是通过双边市场产生的。当一个产品同时具有直接网络效应和间接网络效应时，γ 用以衡量二者的综合效应。

除了以上两种商品之外，还存在一个外部选项（Outside Option），即不购买这两种商品中的任何一种。如果选择外部选项，则消费者 i 得到的效用 $u_{i0t} = \varepsilon_{i0t}$。其中，外部选项的均值效用为 0，$\varepsilon_{i0t}$ 是其随机效用冲击项。因此，每个消费者面临的选择集合包括三个选项，即 $\Omega = \{A, B, O\}$，其中 O 代表外部选项。市场中的每个消费者只能从这个选择集合中选择一个带给他最大效用的选项。如果一个消费者在第 t 期选择商品 A 或者商品 B，那么在购买商品后该消费者将退出市场；而如果他选择外部选项 O，那么他在第 $t+1$ 期还会再次进入市场。

分析网络效应对价格的影响是本章关注的核心，不妨假设两种商品具有相同的质量，即 $\delta_A = \delta_B$。同时，假定随机效用冲击项 ε_{ijt} 服从第一类极值分布（Type-I Extreme Value Distribution），并且这个冲击项在消费者、商品和时期之间是独立同分布的。给定这些假设，可以从消费者 i 的效用最大化问题中推导出其选择每一个选项的概率。此外，由于所有消费者的随机效用是独立同分布的，因此所有消费者的选择概率相等，这意味着消费者 i 选择商品 j 的概率（s_{ijt}）和商品 j 在第 t 期的市场份额（s_{jt}）相等[1]，即：

$$s_{ijt}(p_{At}, p_{Bt}; \boldsymbol{n}_t) = s_{jt}(p_{At}, p_{Bt}; \boldsymbol{n}_t)$$
$$= \frac{e^{(\delta_j + \gamma n_{jt} - \alpha p_{jt})}}{1 + \sum_{k=A,B} e^{(\delta_k + \gamma n_{kt} - \alpha p_{kt})}} \qquad (2-1)$$

---

[1] 选择概率和市场份额的推导过程参见 McFadden（1978）和 Train（2009）的文献。

式（2-1）的分母是选择集合中三个选项的效用非随机部分的指数之和，而分子是商品 j 的效用的指数。根据式（2-1），每个商品的市场份额的取值范围是（0，1），并且 s_{jt} 随着 δ_j 和 n_{jt} 的增加而上升，并随着 p_{jt} 的减少而下降。也就是说，商品质量提高、网络规模增加时，商品的市场份额将上升，而商品价格的上升会降低其市场份额。

以上消费者需求模型称为 Logit 离散选择模型（McFadden，1978；Berry，1994；Berry，et al.，1995）。关于网络效应的文献经常使用其他需求模型来分析企业的定价策略。其中，许多研究使用 Hotelling 模型来分析消费者对异质产品的需求。本节不采用 Hotelling 模型的主要原因在于以下两个方面。首先，Hotelling 模型没有考虑消费者的外部选择。然而，允许外部选择对网络和市场规模的动态演变非常重要。如果在 Hotelling 模型中引入外部选择，推导出均衡需求就会变得十分复杂。而在考虑外部选择时，采用离散选择模型可以更加方便地推导出产品的市场份额，使得求解理论模型时会相对容易。其次，如果将只考虑企业在一期内竞争的静态 Hotelling 模型扩展为多期的动态 Hotelling 模型，会使得求解企业动态博弈中的子博弈完美纳什均衡变得非常具有挑战性。

式（2-1）表示的是商品 j 在第 t 期市场中的新销售份额，商品 j 的新增用户会加入其网络，并使该网络的累计用户数增加，在第 $t+1$ 期期初，每个企业的网络规模是其在第 t 期期初已经积累的网络规模和在第 t 期的新增消费者之和。因此，商品 j 累计市场份额（等于网络规模）的演变函数为：

$$n_{jt+1} = n_{jt} + M_t\, s_{jt}(p_{At}, p_{Bt}; \boldsymbol{n}_t) \qquad (2-2)$$

其中，M_t 是市场规模。

接下来，首先从理论上分析两期框架下单网络企业和多网络企业的动态定价问题，其次用数值例子来分析博弈多于两期的情形下两种企业的动态定价策略，以及存在竞争时多网络企业之间的定价博弈均衡。本章分析的主要目的是从理论上比较单网络企业和多网络企业的定价策略。

二　两期模型下单网络企业的定价策略

考虑两个单网络企业 A 和 B，企业 A 销售商品 A，企业 B 销售商品 B，两种商品之间存在一定的替代性，但不是完全替代。[①]假设企业的边际成本为常数（c_A，c_B），两个企业进行动态价格博弈。在第 t 期，企业 j（$j \in \{A, B\}$）的利润为：

$$\pi_{jt}^s(p_{At}^s, p_{Bt}^s; \boldsymbol{n}_t) = (p_{jt}^s - c_j)\, s_{jt}(p_{At}^s, p_{Bt}^s; \boldsymbol{n}_t)\, M_t$$

其中，p_{jt}^s 是单网络企业 j 对商品 j 的价格，上标 s 指单网络企业的情形，s_{jt} 是商品 j 的市场份额，市场份额由式（2-1）给出。

单网络企业在第一期的优化问题：在两期模型中，企业在第一期的价格不仅影响其在当期的利润，而且通过商品网络规模的变化影响其在第二期的利润。例如，商品 j 在第一期的价格上升，对当期利润有两个方面的影响，对第二期的利润也有两个方面的

---

① 如果两种商品是完全替代的，那么价格竞争会使得市场价格等于边际成本更高的商品的边际成本。

影响。对当期利润的影响是：一方面，价格 p_{j1}^s 上升时，价格加成 $p_{j1}^s - c_j$ 增加，对利润有正向影响；另一方面，价格上升导致市场份额 s_{j1} 下降，对利润有负向影响。对第二期利润的影响是：一方面，价格 p_{j1}^s 上升导致 s_{j1} 和 n_{j2} 下降，这使得商品 j 在第二期期初的网络规模缩小，网络效应减弱使得第二期购买商品 j 的消费者数量减少，从而降低了企业在第二期的利润；另一方面，价格 p_{j1}^s 上升导致 n_{j2} 下降，这使得第二期期初的市场规模增大，对利润有正向影响。因此，企业在选择第一期的价格时需要考虑其对两期总利润的影响。

企业 j 在第一期的利润最大化问题为：

$$V_{j1}^s(\boldsymbol{n}_1) = \max_{p_{j1}^s} \left\{ \pi_{j1}^s(p_{A1}^s, p_{B1}^s; \boldsymbol{n}_1) + \beta^d \, V_{j2}^s(\boldsymbol{n}_2; \boldsymbol{n}_1, \boldsymbol{p}_1^s) \right\}$$

其中，$\boldsymbol{p}_1^s = (p_{A1}^s, p_{B1}^s)$ 是价格向量，β^d 是两期间的贴现率，网络规模 $\boldsymbol{n}_2$ 和 $\boldsymbol{n}_1$ 之间的关系随着式（2-2）而变化。企业 j 的值函数 V_{jt}^s 随着企业和时间的变化而变化，因为企业的网络规模是不对称的，而且不同时期下的博弈剩余期数也不同，所以企业的利润也不同。

企业 j 对其第一期价格 p_{j1}^s 的一阶条件（FOC）为：

$$s_{j1} M_1 - (p_{j1}^s - c_j)\alpha\, s_{j1}(1 - s_{j1}) M_1 + \beta^d \frac{\partial V_{j2}^s}{\partial p_{j1}^s} = 0 \qquad (2-3)$$

一阶条件中第一项是当前利润的加成效应，随着 p_{j1}^s 的上升，企业 j 在商品上的加成增加了相同的数量。第二项是价格对当前销量的影响，随着 p_{j1}^s 的上升，消费者需求和商品销量 s_{j1} 下降，从而导致对当前利润产生负面影响。

一阶条件最后一项中的 $\dfrac{\partial V_{j2}^s}{\partial p_{j1}^s}$ 是 p_{j1}^s 对企业 j 在第二期利润的影响。价格 p_{j1}^s 通过 n_{A2} 和 n_{B2} 两个渠道影响 V_{j2}^s。[①] 以商品 A 的价格为例，提高 p_{A1}^s 对企业 A 第二期利润的影响包含以下几个方面。首先，p_{A1}^s 上升使得商品 A 在第一期的销量降低从而降低了 n_{A2}，这对消费者从购买商品 A 中得到的效用和企业 A 在第二期的利润有负向影响。其次，p_{A1}^s 上升将增加商品 B 的销量、提高 n_{B2}，这对网络规模和企业 A 在第二期的利润有负向影响。除此之外，较低的 n_{A2} 意味着更多的消费者在第二期进入市场，这对企业 A 的利润有正向影响。

商品 A 的价格除了影响企业 A 的利润之外，对企业 B 的利润也有影响。较低的 p_{A1}^s 有助于企业 A 吸引更多的消费者，减少企业 B 的销量，这增加了企业 A 在第二期的网络规模，缩小了企业 B 在第二期的网络规模。两家企业都有这种动机，即利用低价来投资于未来的网络以扩大规模。在均衡状态下，企业 A 会选择比企业 B 更高的价格，这是因为当网络效应存在时（$\gamma>0$），消费者从商品 A 中获得的效用更高，这意味着企业 A 的初始网络优势使其比企业 B 具有更强的市场势力。

单网络企业在第二期的优化问题：在第二期，企业最大化当期利润。因此，企业 j 在第二期的最大化问题为：

---

① 依据求导的链式法则，可以得到 $\dfrac{\partial V_{j2}^s}{\partial p_{j1}^s}=\dfrac{\partial V_{j2}^s}{\partial n_{A2}}\dfrac{\partial n_{A2}}{\partial p_{j1}^s}+\dfrac{\partial V_{j2}^s}{\partial n_{B2}}\dfrac{\partial n_{B2}}{\partial p_{j1}^s}$。

$$\max_{p_{j2}^s} \left\{ \pi_{j2}^s(p_{A2}^s, p_{B2}^s; \boldsymbol{n}_2) \right\}$$

利润最大化时，关于 p_{j2}^s 的一阶条件为：

$$s_{j2} M_2 - (p_{j2}^s - c_j) \alpha s_{j2}(1 - s_{j2}) M_2 = 0 \qquad (2-4)$$

与 p_{j1}^s 的一阶条件类似，式（2-4）中第一项是价格加成效应对利润的影响，第二项是价格通过影响销量带来的对利润的影响。也就是说，企业在选择第二期的最优价格时，面临加成效应和销量效应之间的权衡。而与 p_{j1}^s 的一阶条件不同，式（2-4）中没有当期价格对未来利润的影响，因为第二期就是最后一期。

假设 1　在第一期期初，网络 A 比网络 B 的市场份额要高，即 $n_{A1} > n_{B1}$。

本章做这个假设是为了分析网络规模对企业价格的影响，如果两种商品的网络规模相同，那么两个企业就是完全对称的，无法判断网络规模优势对企业价格的影响。而企业之间的初始网络规模差异可能是一些模型之外的因素导致的，如两个网络在不同时间进入市场，或者二者经历了不同的需求或成本冲击，这些都会使网络规模产生差异。

令两个单网络企业在第 t 期的均衡价格为 $\{p_{At}^{s*}, p_{Bt}^{s*}\}$。在第二期，使用两个企业的一阶条件得出价格的显式解，因此均衡价格 $\{p_{A2}^{s*}, p_{B2}^{s*}\}$ 是 (n_{A2}, n_{B2}) 的函数。在第一期，求解均衡价格涉及第二期的值函数 $V_{j2}^s(n_{A2}, n_{B2})$，如式（2-3）所示。在求解第二期的均衡价格后可以推导出两个企业在第二期的利润函数，从而得到 $V_{j2}^s(n_{A2}, n_{B2})$ 的表达式，将这个表达式代入第一期的一阶条件中，就可以求解出第一期的价格。

通过以上描述的逆向归纳法，可以求解两期博弈的子博弈完美纳什均衡，运用一阶条件来分析企业的均衡价格和网络规模，可以得到以下结果。[①]

命题 1 ①在子博弈完美纳什均衡中，商品 A 的价格在两个时期都高于商品 B 的价格。也就是说，对于 $t=1$，2，有 $p_{A2}^{s*}>p_{B2}^{s*}$。②企业 A 可以在第二期继续保持其网络规模优势，即 $n_{A2}>n_{B2}$。

命题 1 的第一个结论表明，企业 A 选择更高的价格是因为它具有初始网络规模优势。假设 $p_{At}^{s}=p_{Bt}^{s*}$，那么由于网络 A 具有网络规模优势，因而在同样的价格下，消费者对网络 A 的需求大于对网络 B 的需求；由于企业 B 在 p_{Bt}^{s*} 下的边际利润为零，因而企业 A 在价格 $p_{At}^{s}=p_{Bt}^{s*}$ 时的边际利润必然大于零，也就是说，企业 A 提高 p_{At}^{s} 的边际利润为正。因此，企业 A 可以通过提高价格来增加利润。这一结论与 Cabral（2011）的结论相似，即具有网络规模优势的企业在均衡时会选择更高的价格。值得注意的是，本章中的需求模型与 Cabral（2011）的模型有所不同。[②]

命题 1 中的第二个结论意味着，尽管企业 A 在第一期选择了比企业 B 更高的价格，但它在第二期可以保持网络规模优势。也就是说，企业 A 不会选择太高的价格，以至于失去其网络规模优势。此外，可以证明只要贴现因子 β^{d} 为正，命题 1 中的两个结论就成立。

---

① 证明见本章附录1。
② 第五章将详细介绍这篇论文所使用的模型。

三　两期模型下多网络企业的定价策略

现在考虑一个垄断的多网络企业，它销售两个网络的商品 A 和商品 B。这个企业选择价格来最大化其在两个时期的总利润，企业在第 t（$t=1$，2）期的总利润是两种商品的利润之和：

$$\pi_t^m(p_{At}^m, p_{Bt}^m; \boldsymbol{n}_t) = \left[\begin{array}{l} (p_{At}^m - c_A)\, s_{At}(p_{At}^m, p_{Bt}^m, \boldsymbol{n}_t) \\ + (p_{Bt}^m - c_B)\, s_{Bt}(p_{At}^m, p_{Bt}^m, \boldsymbol{n}_t) \end{array} \right] M_t$$

其中，上标 m 表示多网络企业的情况，（p_{At}^m，p_{Bt}^m）是该企业选择的两种商品的价格，（s_{At}，s_{Bt}）是两个网络销售商品的市场份额，如式（2-1）所示，M_t 是进入市场的消费者规模。

同单网络企业一样，由于网络规模的累积效应，多网络企业在第一期时要选择价格来最大化其在两期的总利润。因此，多网络企业在第一期的利润最大化问题是：

$$V_1^m(\boldsymbol{n}_1) = \max_{p_{A1}^m, p_{B1}^m} \left\{ \pi_1^m(p_{A1}^m, p_{B1}^m; \boldsymbol{n}_1) + \beta^d\, V_2^m(\boldsymbol{n}_2; \boldsymbol{n}_1, p_1^m) \right\} \quad (2-5)$$

其中，网络规模 $\boldsymbol{n}_2$ 的演变函数满足式（2-2）。

在选择（p_{A1}^m，p_{B1}^m）时，多网络企业需要考量的因素更复杂。首先，与单网络企业一样，多网络企业既要面临价格对当期利润的加成效应和销量效应，也要考虑第一期价格对第二期利润的影响。

其次，多网络企业还需要将每一期内两个网络之间的竞争内部化，这是单网络企业定价时不需要考虑的因素。将两个网络之间的竞争内部化的含义是：在每一期内，较高的 p_{A1}^{m} 增加了企业对商品 A 的价格加成，减少了商品 A 的销量，但是会增加商品 B 的销量。也就是说，多网络企业对一个商品提高价格时，虽然会导致该商品损失一些消费者，但是这些消费者中的一部分会转移到这个企业销售的另一种商品上。因此，与单网络企业相比，多网络企业有更大的空间为两种商品都制定较高的价格，而损失的消费者总量相对较小。

最后，多网络企业还需要考虑两个网络在两期之间的交叉影响。例如，较高的 p_{A1}^{m} 会降低第一期消费者对商品 A 的总需求，从而对第二期的消费者规模有正向影响。同时，较高的 p_{A1}^{m} 会使得商品 B 在第二期的网络规模更大，而使得商品 A 在第二期的网络规模更小，这两个因素会使得企业在第二期从商品 B 中得到更高的利润，而从商品 A 中得到的利润可能上升也可能下降。由以上分析可以看出，多网络企业的定价问题比单网络企业更为复杂。

第一章解释了单网络企业和多网络企业的三个重要差异，在这里简要地重述一遍。第一，由于多网络企业的利润是关于两种商品网络规模的凸函数，因此多网络企业有动机为更大的网络选择更低的价格来提高网络集中度，从而提高企业的利润。第二，与单网络企业相比，多网络企业通过销售多种商品而拥有更强的市场势力，因此它可以为所有网络设定更高的价格。第三，当存在多个多网络企业互相竞争时，它们之间的溢出效应会减弱每个多网络企业通过降低价格来投资于网络规模的动机，从而对商品的价格产生正向影响。

采用逆向归纳法来求解上述多网络企业的最优定价问题，设多网络企业的最优价格为（p_{A1}^{m*}，p_{B1}^{m*}，p_{A2}^{m*}，p_{B2}^{m*}），这些最优价格满足以下结论。[①]

命题 2 ①在第一期，多网络企业选择的商品 A 的价格比商品 B 低，即 $p_{A1}^{m*} < p_{B1}^{m*}$。②在第一期，两种商品的价格之差 $| p_{A1}^{m*} - p_{B1}^{m*} |$ 随着网络效应强度（γ）的上升而增大。③在第二期，以网络规模差异衡量的网络集中度（$n_{A2} - n_{B2}$）随着 γ 的上升而提高。

命题 2 的第一个结论表明，多网络企业在第一期对较大规模网络 A 选择的价格比对网络 B 选择的价格低，这意味着多网络企业对网络集中度的偏好起到了关键作用。其直觉是，这种定价策略可以提高网络集中度，从而提高消费者在第二期对较大规模网络 A 的支付意愿。这使得企业能够吸引更多的消费者，并制定更高的价格来增加利润。

命题 2 的第二个结论意味着，随着 γ 的上升，多网络企业选择了差异化更大的价格，即使没有多网络企业对两个网络实施差异化的价格，仅对两种商品选择同样的价格，网络也会变得更加集中于网络 A，这是因为较大规模网络 A 的用户之间的网络正外部性更强，而这一影响意味着企业如果实施差异化价格，这种策略带来的边际利润会更高。因此，随着 γ 的上升，多网络企业会制定差异化更大的价格。

———————

① 证明见本章附录 1。

命题 2 的第三个结论意味着，随着 γ 的上升，市场在第二期时变得更加集中。较高的 γ 对网络集中度有两个积极影响。首先，较高的 γ 意味着具有初始网络规模优势的网络 A 可以比网络 B 吸引到更多的消费者，即使它们有相同的价格，网络 A 依然能够在 γ 更高时吸引更多消费者，这会提高网络集中度。其次，根据命题 2 第二个结论，γ 的上升也增大了企业的价格差异化，使得企业选择更偏向于网络 A 的价格，进一步增强了 A 的网络优势。

此外，只要 $\gamma > 0$ 和 $\beta^d > 0$ 这两个条件都满足，命题 2 中的结论就都成立。如果 $\gamma = 0$，那么商品 A 和商品 B 将在每一期都有相同的价格，这是因为消费者从这两种商品上获得了相同的效用，对它们有相同的支付意愿。贴现因子 β^d 也会影响第一期的价格。如果 $\beta^d = 0$，那么第二期利润的贴现值为零，这意味着多网络企业在第一期的优化问题将是静态的。在这种情况下，多网络企业也将为两种商品选择相同的价格。①

四　多网络企业定价策略对市场结构的影响

从上一节的分析中可以看出，多网络企业通过对较大规模网络选择较低的价格来提高网络集中度，或者说投资于网络集中度。而单网络企业也有投资的动机，只不过单网络企业是通过选择价格来对自己的网络进行投资，在均衡状态下，最初较大网络

---

① 这是因为在本章的离散选择需求模型下，两种商品的需求对价格的交叉导数是相同的，均为 $\alpha\, s_{At} s_{Bt}$。

的价格在每个时期都高于较小网络的价格。尽管最初较大的网络可以随着时间的推移保持其规模优势，但与多网络企业相比，在只有单网络企业的市场中，网络集中度相对较低。从理论上证明这一分析结论十分复杂，因此采用数值例子来说明市场在单网络企业和多网络企业两种情形下的网络集中度。

图 2-1 显示了在两期模型下单网络企业和多网络企业两种供给模型中的网络集中度。横轴是网络 A 在第一期期初的累计市场份额，将其取值范围设为 $n_{A1} \in [0, 0.30]$，纵轴是第二期期初的累计市场份额（n_{A2}，n_{B2}）。网络 B 在第一期期初的累计市场份额固定为 $n_{B1} = 0.10$，假定两个企业的边际成本都为零。[①] n_{A2}^s 和 n_{B2}^s 分别表示在单网络企业均衡定价情形下，两个网络在第二期期初的累计市场份额，n_{A2}^m 和 n_{B2}^m 分别表示在多网络企业均衡定价情形下，两个网络在第二期期初的累计市场份额。

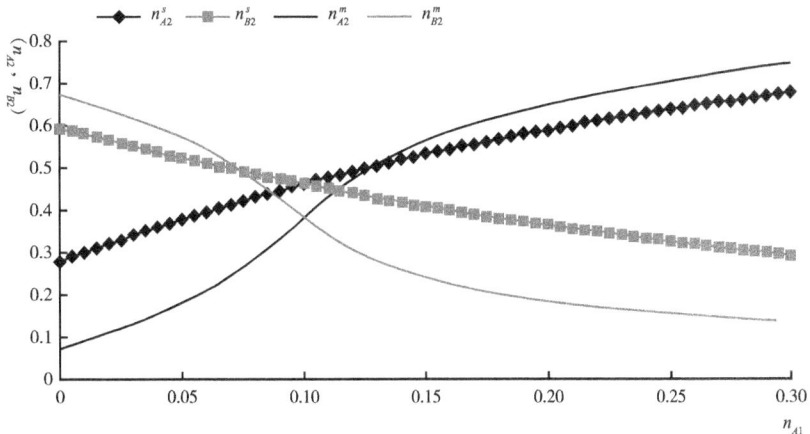

图 2-1　单网络企业与多网络企业情形下的网络集中度

① 其他参数取值为：$\alpha = 2$，$\gamma = 8$，$\beta = 0.96$，$\delta_a = \delta_b = 0$。

图 2-1 显示了以下结果。第一，当 $n_{A1}=n_{B1}$ 时，$n_{A2}^s=n_{B2}^s$，并且 $n_{A2}^m=n_{B2}^m$。也就是说，无论是在单网络企业还是多网络企业情形下，当两个网络的初始规模相同时，它们在第二期也有相同的规模。第二，当 $n_{A1}>n_{B1}$ 时，$n_{A2}^s>n_{B2}^s$，并且 $n_{A2}^m>n_{B2}^m$，反之亦然。这意味着在这两种企业类型情形下，企业都可以将其初始网络规模优势保持到第二期。第三，当 $n_{A1}=n_{B1}$ 时，单网络企业情形下两个网络规模曲线的交叉点在多网络企业情形下两个网络规模曲线交叉点的正上方。这是因为多网络企业比单网络企业选择了更高的价格，所以与单网络企业情形相比，在多网络企业情形下，两个网络在第二期期初的累计市场份额更小。第四，当 $n_{A1}\neq n_{B1}$ 时，多网络企业情形下的市场比单网络企业情形下更集中，两个网络在第二期期初的累计市场份额差异 $\mid n_{A2}-n_{B2}\mid$ 在多网络企业情形下更大。因此，相较于单网络企业，多网络企业的定价策略会使网络集中度更高。

虽然在图 2-1 中只考虑了一个垄断的多网络企业，但当考虑两个竞争的多网络企业时，上述结果也成立。下一节将展示当存在两个相互竞争的多网络企业时，它们都会在第一期为最初较大的网络选择较低的价格，从而提高市场集中度。不仅如此，在这种双寡头的情况下，竞争使得两种商品的价格比垄断情况下更低，而较低的价格会导致最初较大的网络有更高的网络集中度。因此，随着多网络企业之间竞争的加剧，以网络规模差异衡量的网络集中度将进一步提高。

五　时期长度与竞争对定价的影响：数值分析

（一）多期模型下的单网络企业与多网络企业定价策略

本部分用数值例子来说明当模型中的时间期数 $T>2$ 时，单网络企业和多网络企业的定价策略，以展示时期长度对这两类企业定价策略的影响。[①] 当 $T>2$ 时，这两类企业在定价时所面临的权衡与两期模型中相同。

在第 T 期，单网络企业之间进行静态定价博弈，而多网络企业面临静态定价问题。给定第一节中的需求模型，当 $T>2$ 时，在最后一期，两个单网络企业的价格与其网络规模正相关，而多网络企业为两种商品选择相同的价格。这些结果与 $T=2$ 时的结果类似。

在第 t（$t<T$）期，在单网络企业情形下，网络规模较大的企业选择较高的价格，而网络规模较小的企业选择较低的价格，这是因为网络规模较大的单网络企业的市场势力较强；而在多网络企业情形下，企业依然会对较大网络选择较低的价格，而对较小网络选择相对较高的价格，这是因为多网络企业在第 T 期的利润随着网络集中度的上升而增加，因此企业有动力通过这种差异化定价来提高网络集中度。

1. 单网络企业的均衡定价（$T>2$）

在 $T>2$ 时，使用两类企业的一阶条件，运用逆向归纳法对两

---

① 由于从理论上求解 $T>2$ 时的均衡价格十分复杂，因此本部分采用数值计算的方法对均衡价格进行分析。

种企业类型下的均衡价格进行求解。在第 T 期，对于两种企业类型，都可以使用其一阶条件求出价格的显式解，均衡价格 $\{p_{AT}^{s*},\ p_{BT}^{s*}\}$ 是 $(n_{AT},\ n_{BT})$ 的函数。而在第 t $(t<T)$ 期，求解价格需要用到企业在下一期的值函数 V_{jt+1}^{s} $(n_{At+1},\ n_{Bt+1})$。通过求解第 t 期之后所有时期的均衡价格并计算企业的总贴现利润，从而得到 V_{jt+1}^{s} $(n_{At+1},\ n_{Bt+1})$ 的值。[①]

在数值例子中，假定参数取值为：$\alpha = 2$，$\gamma = 8$，$\beta = 0.96$，$\delta_a = \delta_b = 0$，$c_a = c_b = 0$。图 2-2 描绘了在这些参数取值下，当 $T \in \{2,\ 3,\ 4\}$ 时两个单网络企业在每一期的均衡价格 $(p_{At}^{s},\ p_{Bt}^{s})$。在每个子图中，$x$ 轴为网络 A 在第 t 期期初的市场份额，$n_{At} \in [0,\ 1.0]$；y 轴为网络 B 在第 t 期期初的市场份额，$n_{Bt} \in [0,\ 1.0]$；z 轴为网络 A 和 B 在当期的价格 $(p_{At}^{s},\ p_{Bt}^{s})$。

图 2-2（a）和（b）分别描绘了 $T=2$ 时两个单网络企业在第一期和第二期的价格。从这两个图可以看出，在每一期中，当 $n_{At}>n_{Bt}$ 时，单网络企业的价格满足 $p_{At}^{s}>p_{Bt}^{s}$；当 $n_{At}<n_{Bt}$ 时，均衡价格满足 $p_{At}^{s}<p_{Bt}^{s}$。这一发现与命题 1 中具有初始网络规模优势的单网络企业会选择较高价格的结论一致。此外，图 2-2（a）和（b）还显示出两个企业的价格具有对称性，这意味着两个企业的初始网络规模相同时，它们在每一期都选择同样的价格；而如果将两个企业的初始网络规模互换，它们的最优价格也会互换。这是由于两种商品除了网络规模不同之外，其质量和成本都是相同的。

---

① 求解每期企业值函数和均衡价格的步骤可参考本章附录。

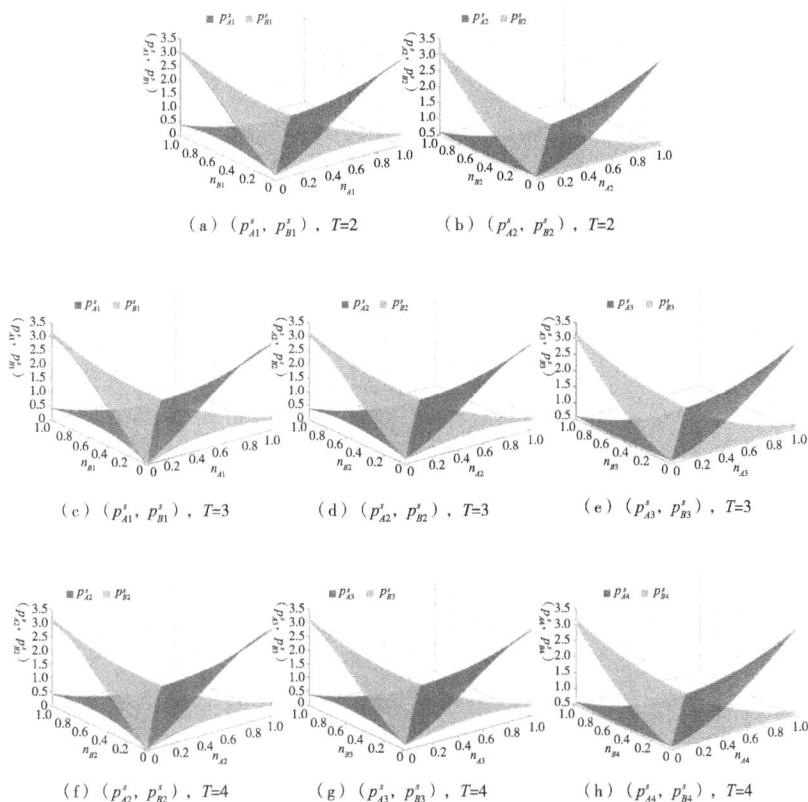

（a）(p_{A1}^s, p_{B1}^s)，$T=2$　　　（b）(p_{A2}^s, p_{B2}^s)，$T=2$

（c）(p_{A1}^s, p_{B1}^s)，$T=3$　　（d）(p_{A2}^s, p_{B2}^s)，$T=3$　　（e）(p_{A3}^s, p_{B3}^s)，$T=3$

（f）(p_{A2}^s, p_{B2}^s)，$T=4$　　（g）(p_{A3}^s, p_{B3}^s)，$T=4$　　（h）(p_{A4}^s, p_{B4}^s)，$T=4$

**图2-2　两个单网络企业在多期情形下的
定价策略（$T \in \{2, 3, 4\}$）**

图2-2（c）、（d）和（e）分别描绘了 $T=3$ 时两个单网络企业在 $t=1$，2，3 时的价格（p_{At}^s，p_{Bt}^s），这三个图展示了以下结果。第一，两个企业的价格相交于 $n_{At} = n_{Bt}$ 的格点上，并且是关于 $n_{At} = n_{Bt}$ 对称的。第二，当 $n_{At} > n_{Bt}$ 时，单网络企业的价格满足 $p_{At}^s > p_{Bt}^s$，这个结论与图2-2（a）和（b）中 $T=2$ 时的结果是一致的。第三，给定对手企业的初始网络规模大小，单网络企业在每一期的

均衡价格随着自身初始网络规模的增长而上升,即网络规模增长会提升单网络企业的市场势力和价格。

图 2-2 (f)、(g) 和 (h) 描绘了 $T=4$ 时两个单网络企业分别在 $t=2$,3,4 时的价格。[①] 这三个图展示的结果与图 2-2 (c)、(d) 和 (e) 是一样的。因此,通过数值分析的方法可以看出,当 $T>2$ 时,命题 1 中关于单网络企业定价策略的两个结论依然是成立的。此外,当考虑价格系数和网络效应强度 (α, γ) 更广泛的取值范围时,图 2-2 的结果是稳健的。

2. 多网络企业的均衡定价 $(T>2)$

多网络企业在多期模型下的最优定价策略也可以用数值方法进行分析。假定模型参数与上一节中分析单网络企业定价策略一样,用相似的数值分析方法和逆向归纳法求解一个垄断多网络企业在 $T=2$,3,4 时对两种商品的最优定价,求解过程中用到了式 (2-5) 的一阶条件和值函数。[②]

图 2-3 描绘了 $T \in \{2, 3, 4\}$ 时多网络企业的均衡价格。在每个子图中,x 轴为 $n_{At} \in [0, 0.5]$,y 轴为 $n_{Bt} \in [0, 0.5]$,z 轴表示第 t 期的价格 (p_{At}^m, p_{Bt}^m)。图 2-3 (a) 和 (b) 分别为 $T=2$ 时多网络企业在第一期和第二期为两个网络选择的价格。

图 2-3 (a) 展示了以下结果。第一,当 $n_{A1}>n_{B1}$ 时,价格满足 $p_{A1}^m<p_{B1}^m$,即多网络企业在第一期为较大的网络选择较低的价格;当 $n_{A1}<n_{B1}$ 时,价格满足 $p_{A1}^m>p_{B1}^m$,并且多网络企业对两个企业的定

---

① 当 $T=4$ 时,第一期的价格 (p_{A1}^t, p_{B1}^t) 与其他期的价格表现出相同的结果。

② 求解过程见本章附录 2。

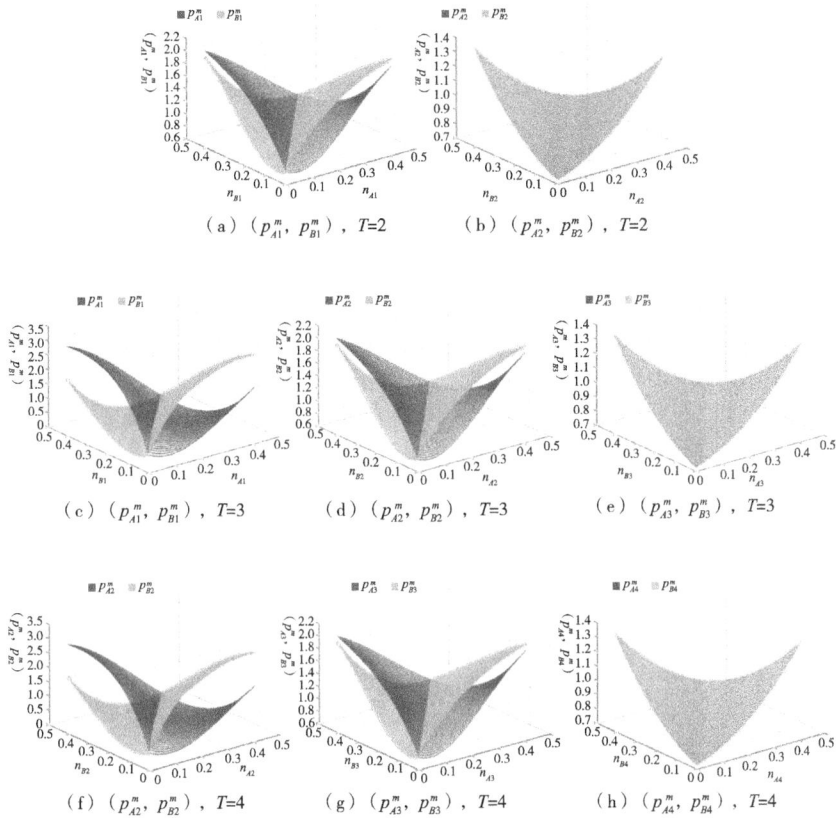

（a）(p_{A1}^m, p_{B1}^m)，$T=2$　　　（b）(p_{A2}^m, p_{B2}^m)，$T=2$

（c）(p_{A1}^m, p_{B1}^m)，$T=3$　　（d）(p_{A2}^m, p_{B2}^m)，$T=3$　　（e）(p_{A3}^m, p_{B3}^m)，$T=3$

（f）(p_{A2}^m, p_{B2}^m)，$T=4$　　（g）(p_{A3}^m, p_{B3}^m)，$T=4$　　（h）(p_{A4}^m, p_{B4}^m)，$T=4$

**图 2-3　一个多网络企业在多期情形下的
定价策略（$T \in \{2, 3, 4\}$）**

价是对称的。第二，当 $n_{A1} = n_{B1}$ 时，多网络企业对两种商品选择同样的价格，这意味着当两个网络的初始规模相同时，企业不会对两种商品选择差异化的价格。

图 2-3（b）描绘了多网络企业在第二期对两种商品选择的价格，此时两种商品的价格在图中完全重合，这意味着两种商品的价格在所有状态格点下都一样，即 $p_{A2}^m = p_{B2}^m$，说明多网络企业在

最后一期会为两种商品选择同样的价格，即使两个网络的规模不一样也会选择同样的价格。[①] 以上结果与命题 2 的结论一致。

图 2-3（c）、（d）和（e）分别描绘了 $T=3$ 时多网络企业在 $t=1$，2，3 时的价格（p_{At}^m，p_{Bt}^m），这三个图展示了以下结果。第一，两种商品的价格相交于 $n_{At}=n_{Bt}$ 的格点上，并且是关于 $n_{At}=n_{Bt}$ 对称的。这意味着如果两个网络的初始规模相同，多网络企业会为它们在每一期都选择同样的价格；而如果两个网络的初始规模互换，则它们的最优价格也会互换。第二，在第 t（$t\in\{1,2\}$）期，当 $n_{At}>n_{Bt}$ 时，多网络企业的价格满足 $p_{At}^m<p_{Bt}^m$，这个结论与图 2-3（a）中 $T=2$ 时的结果一致，即多网络企业在第一期和第二期会为规模较大的企业选择较低的价格。第三，在第 T（$T=3$）期，企业为两个企业选择同样的价格。第四，多网络企业在第 t（$t\in\{1,2\}$）期的价格差异 $|p_{At}^m-p_{Bt}^m|$ 随着两种商品初始网络规模差异的变化先上升后下降。

图 2-3（f）、（g）和（h）分别描绘了 $T=4$ 时多网络企业在 $t=2$，3，4 时的价格。[②] 可以看出，在第 t（$t<T$）期，当 $n_{At}>n_{Bt}$ 时，价格依然满足 $p_{At}^m<p_{Bt}^m$，反之亦然。因此，当时期长度多于两期时（$T\in\{3,4\}$），多网络企业在第 t（$t<T$）期为较大的网络选择了较低的价格，这表明多网络企业从第一期开始就为较大的网络选择较低的价格来提高网络集中度。在第 T 期，多网络企

---

① 得出这个结果是由于本章的离散选择需求模型用的是 Logit 模型，没有考虑消费者之间的异质性。在第五章的实证分析中，本书将使用更合理的离散选择需求模型，在这样的模型下，多网络企业在最后一期的最优定价策略是对不同规模的网络选择具有差异性的价格。

② 当 $T=4$ 时，第一期的价格（p_{A1}^m，p_{B1}^m）与第二期和第三期的价格表现出相同的结果。

业为两个网络选择了相同的价格，即 $p_{AT}^m = p_{BT}^m$。综上可以发现，当 $T>2$ 时，命题 2 中的结论依然成立。

（二）竞争对多网络企业定价的影响

以上对多网络企业定价策略的分析是在一个垄断框架下展开的，本节将分析引入竞争对多网络企业定价策略的影响。引入竞争的方式是考虑市场上有多个多网络企业相互竞争，它们所销售的商品相同，但由于企业品牌的异质性，不同企业所销售的同一商品不能完全相互替代，这意味着引入竞争并不会使所有企业都将价格设为其成本。如果将品牌–商品的组合定义为消费者的一个选项，那么消费者面临的选项集合将包含所有这些组合，选项数量随着企业数量的增加而线性增长。本节所使用的消费者需求模型参见本章第一节的 Logit 离散选择模型。[①]

从理论上分析，引入竞争对多网络企业的定价有以下三个方面的影响。第一，竞争促使所有商品的价格下降。随着多网络企业数量的增加，所有商品的均衡价格将下降。这种影响与没有网络效应的市场中竞争对价格的影响相同。

第二，正如本章开始时所解释的，多网络企业之间的溢出效应对企业的价格有正向影响。当不同的多网络企业在同一网络上竞争时，一家企业对企业之间的共同网络选择低价时，会增加该网络的累计消费者数量和网络规模，而这能增强消费者对所有企

---

① 当商品数量增加时，Logit 离散选择模型中市场份额的表达式与第一节中的表达式类似，可参考 McFadden（1978）和 Train（2009）的文献。

业销售该网络的商品的支付意愿，从而对其他企业的利润产生正向影响。这种溢出效应降低了每个企业通过制定低价策略来投资于共同网络的动机。

第三，竞争不会改变多网络企业通过差异化价格来投资于较大网络的动机，不同的多网络企业不会选择投资于不同的网络，所有多网络企业都会对具有初始网络规模优势的企业选择较低的价格。举例来说，考虑一个有两个多网络企业的两期双寡头模型，分别为企业 1 和企业 2，两个企业都销售网络 A 和网络 B 上的商品。假定网络 A 具有初始网络规模优势，即 $n_{A1}>n_{B1}$。如果企业 1 在第一期为网络 A 选择了较低的价格，而企业 2 在第一期为网络 B 选择了较低的价格，那么在这种情形下企业 2 得到的利润就会低于当它选择与企业 1 相同的价格时所得到的利润。这是因为，如果两个企业选择相同的价格，由对称性可知，它们将获得相同的利润。然而，如果企业 2 为网络 B 选择较低的价格，那么企业 1 将因网络 A 的网络优势而吸引更多的消费者，而企业 2 对网络 B 的低价只能吸引较少的消费者，这使得企业 2 的利润将低于它与企业 1 平分市场时的利润。

由于模型求解的复杂性，在此依然用数值分析来展示竞争对价格的影响。假定两个相同的寡头垄断多网络企业在一个两期模型中进行动态定价博弈，采用逆向归纳法求解企业在两期中的均衡定价。参数取值与上一节相同：$\alpha=2$，$\gamma=8$，$\beta=0.96$，$\delta_a=\delta_b=0$，$c_a=c_b=0$。

图 2-4 展示的是垄断（Monopoly）和双寡头（Duopoly）两种

情形下两种商品在第一期的价格和网络集中度。图 2-4（a）描绘了两种情形下两种商品在第一期的价格（p_{A1}^{m*}，p_{B1}^{m*}）。横轴表示网络 A 在第一期期初的累计市场份额（n_{A1}），其取值范围为 [0.10，0.30]，网络 B 在第一期期初的累计市场份额（n_{B1}）固定为 0.10；纵轴表示第一期的商品价格。结果如下。

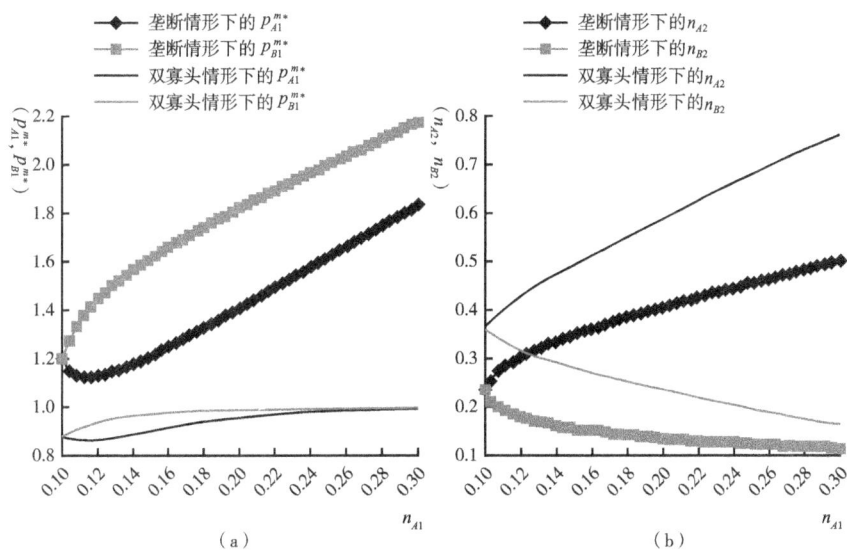

图 2-4　垄断和双寡头情形下多网络企业的商品价格和网络集中度

第一，在双寡头情形下，两个企业采用了相同的定价策略，即它们在第一期为两个网络设定了相同的价格，并且较大网络 A 的价格比较小网络 B 的价格更低。因此，无论是垄断还是双寡头情形下，多网络企业为网络 A 设定的价格比为网络 B 设定的价格都低，即 $p_{A1}^{m*} < p_{B1}^{m*}$，这说明竞争不会使得不同企业为不同的网络选择低价策略。

第二，两个网络在第一期的均衡价格在双寡头情形下都比在垄断情形下低，这与在没有网络效应的市场中竞争所产生的价格影响一致。同时，这也意味着竞争效应对价格的负向影响大于溢出效应对价格的正向影响。

此外，从图2-4（a）还可以发现，多网络企业对两个网络在第一期的价格差异 $| p_{A1}^{m*} - p_{B1}^{m*} |$ 随着网络A规模优势的增加而缩小。这是因为，随着 n_{A1} 的上升，网络A带给消费者的效用增加，使得企业有动力提高网络A的价格，从而导致两个网络的价格差异缩小。

图2-4（b）描绘了垄断和双寡头两种情形下两个网络在第二期期初的累计市场份额。结果如下。

第一，在垄断和双寡头这两种情形下，网络A在第二期期初的累计市场份额都比网络B大，这是由网络A在第一期的初始规模优势和多网络企业对网络A的低价策略共同决定的。

第二，在双寡头情形下，两个网络的市场份额（n_{A2}，n_{B2}）都比垄断情形下高。出现这个结果的一个原因是，在双寡头情形下，两个网络的价格都比它们在垄断情形下的价格更低，低价吸引了更多的消费者。另一个原因是，在双寡头情形下，两个企业都销售两个网络上的商品，离散选择需求模型意味着，市场上存在四个有差异的商品，扩大了消费者的选择范围，从而降低了消费者选择外部选项——不购买任何商品的概率。

第三，随着 n_{A1} 的上升，n_{A2} 会上升而 n_{B2} 会下降。这意味着随着网络A初始规模优势的增加，其在第一期吸引的消费者数量增加，而网络 B 在第一期吸引的消费者数量减少，这两个因素使得第二期的网络集中度提高。

附录 1　求解单网络企业值函数与运用逆向归纳法求解均衡价格

第一步，为了得到企业值函数 V_{jt+1}^{s}（n_{At+1}，n_{Bt+1}），首先为 n_{At+1} 和 n_{Bt+1} 生成平均分布的格点，n_{jt+1}（$j \in \{A$，$B\}$）的两个相邻值之间的距离为 0.005，这些生成的格点在所有时期都是相同的。

第二步，在第 T 期，求解每一种（n_{AT}，n_{BT}）格点组合下企业的均衡定价。对于每个生成的状态（n_{AT}，n_{BT}），使用第 T 期的一阶条件来求解均衡价格。利用这些价格，计算出企业在状态（n_{AT}，n_{BT}）下的利润。这样，对于企业 j（$j \in \{A$，$B\}$），得到其在所有（n_{AT}，n_{BT}）格点下的值，即函数 V_{jT}^{s}（n_{AT}，n_{BT}）的值。然后用二次多项式函数来近似 V_{jT}^{s}（n_{AT}，n_{BT}），从而得到 V_{jT}^{s}（n_{AT}，n_{BT}）的显示表达式，这个值函数的表达式将用于求解第 $T-1$ 期的均衡价格。

第三步，求解第 $T-1$ 期的均衡价格。由于无法得到单网络企业一阶条件的精确表达式，因此同样采用离散化价格格点来求解利润最大化价格。采用等距离的点离散化价格区间，相邻两个点之间的距离为 0.01。价格区间是从两个企业单位成本的较小值到第 T 期两个企业在所有市场份额组合状态下价格的最大值。

为了得到两个单网络企业在第 t（$t=T-1$）期、状态（n_{At}, n_{Bt}）下的均衡价格，需要找到两个企业互为最优反应的价格。对于每个状态（n_{At}, n_{Bt}），在第三步所有离散化的价格网格点中找到最接近于互为最优反应的网格点。具体过程是，使 p_{At}^s 的取值为每一个价格格点上的值，对于每一个 p_{At}^s 的值，利用企业 B 在第 t 期的一阶条件找到它对每个 p_{At}^s 的最优反应 p_{Bt}^s（p_{At}^s）。需要注意的是，在判断企业 B 的一阶条件是否成立时，需要用到第二步最后得到的第 T 期值函数的表达式来推导一阶条件。

在得到企业 B 对价格 p_{At}^s 选择的最优反应 p_{Bt}^s（p_{At}^s）后，使用企业 A 的一阶条件，去检查 p_{At}^s 是不是企业 A 对企业 B 所选择价格 p_{Bt}^s（p_{At}^s）的最优反应。如果它们是彼此的最优反应，那么就得到了状态（n_{At}, n_{Bt}）下的均衡价格。

采用同样的方法，找到第 $T-1$ 期所有状态（n_{At}, n_{Bt}）下两个企业的均衡价格，并得到值函数 V_{jT-1}^s（n_{AT-1}, n_{BT-1}）。

第四步，求解第 t（$t<T-1$）期的均衡价格。在得到值函数 V_{jT-1}^s（n_{AT-1}, n_{BT-1}）之后，可以运用第三步中的方法得到第 $T-2$ 期两个企业的均衡价格。依此类推，通过这种递归的方式，可以求出两个企业在所有时期、所有状态下的均衡价格。

附录 2　求解多网络企业值函数与运用逆向归纳法求解最优价格

与单网络企业的情况一样，首先为 n_{At} 和 n_{Bt} 生成平均分布的格点，这些格点在每个时期都是一样的。运用逆向归纳法求解多网络企业价格的过程如下。

第一步，在第 T 期，企业的定价问题是静态的，只需要最大化当期利润，因此对于每个生成的期初网络规模格点 $(n_{AT},\ n_{BT})$，都可以使用企业的一阶条件来求解多网络企业在该状态下的最优价格 $(p_{AT}^m,\ p_{BT}^m)$。得到企业在 $(n_{AT},\ n_{BT})$ 状态下的最优价格后，计算企业在该状态下的利润，通过计算所有状态下的利润，可以推导出企业在第 T 期最大化利润的解析表达式 $V_T^m(n_{AT},\ n_{BT})$。

第二步，在第 $T-1$ 期，需要求解每一个生成的期初网络规模格点下多网络企业对两种商品的价格。给定期初网络规模格点 $(n_{AT-1},\ n_{BT-1})$，根据第 T 期值函数的解析表达式和网络规模的演变函数，可以直接推导出多网络企业的贝尔曼方程对两种商品价格的一阶条件，并用这两个一阶条件来解出企业在每个状态 $(n_{AT-1},\ n_{BT-1})$ 下的最优价格。利用这些价格，计算企业在第 $T-1$ 期的值函数 $V_{T-1}^m(n_A,\ n_B)$，并以 $(n_A,\ n_B)$ 的三阶多项式序列对其进行近似。

第三步，求解第 t $(t\leqslant T-2)$ 期的最优价格的方法与第二步类似，依据企业在第 t 期的贝尔曼方程，推导对两种商品价格的一阶条件，这些一阶条件包括 $V_{t+1}^m(n_{At+1},\ n_{Bt+1})$ 对 $(p_{At}^m,\ p_{Bt}^m)$ 的导数。使用第二步最后得到的 $V_{t+1}^m(n_A,\ n_B)$ 的近似函数，运用链式法则求导得到其对 $(p_{At}^m,\ p_{Bt}^m)$ 的导数。得到一阶条件后，再利用离散化价格区间的方法找到当期的均衡价格。

依此类推，可以得到所有时期的均衡价格。

参考文献

［1］ Berry, S. , Levinsohn, J. , Pakes, A. , "Automobile Prices in Market Equilibrium", *Econometrica*, 1995, 63 (4), pp. 841–890.

［2］ Berry, S. T. , "Estimating Discrete-Choice Models of Product Differentiation", *The RAND Journal of Economics*, 1994, 25 (2), pp. 242–262.

［3］ Cabral, L. , "Dynamic Price Competition with Network Effects", *The Review of Economic Studies*, 2011, 78 (1), pp. 83–111.

［4］ McFadden, D. , "Modeling the Choice of Residential Location", In Karlgvist, A. , et al. , *Spatial Interaction Theory and Planning Models*, Amsterdam: North-Holland, 1978.

［5］ Train, K. E. , *Discrete Choice Methods with Simulation*, Cambridge University Press, 2009.

第三章　单网络企业定价的理论研究

本章介绍 Cabral（2011）对两个单网络企业在无限期框架下的动态博弈模型和结论。本章将考虑两个单网络企业之间竞争的动态模型。在模型中，消费者在每一期以固定的概率离开市场并被替换，企业选择进入网络的价格，其目的是吸引新的消费者。本章模型的求解结果涵盖以下几个方面：①对称均衡的存在和唯一性；②价格函数的单调性（即网络规模越大，进入该网络的价格就越高）；③网络规模的动态变化；④企业价值随网络效应的变化情况。

首先，刻画消费者和企业的最优问题；其次，介绍主要的理论模型分析结论，描述企业动态均衡定价策略的特征，并着重强调两个企业的价格函数及其网络规模的动态变化；最后，将本章的框架应用于无线通信行业的终端收费研究，得出不同形式的监管对企业利润和市场份额动态变化的影响。为了区分大量不同的变量，在本章中，希腊字母表示外生变量，罗马字母表示内生变量。

一 模型

本章的目的是分析两个单网络企业 A 和 B 在无限期模型下的价格竞争模型，求解模型中 Markov 均衡定价策略。为了简化模型中的符号，使用企业的网络规模 i 或 j 来表示企业本身。假设每一时期都有一位消费者离开和一位新消费者进入，这样每一期的总消费者数量是固定不变的。由于离开的消费者所属的网络是随机的，并且新消费者所选择的网络也是随机的，因此两个网络的规模都将随时间而变化。

假设新消费者在两个网络中选择一个，并保持其选择直到离开市场。这个假设与第二章中的离散选择模型不一样，在第二章中，消费者可以选择外部选项，即不加入这两个网络中的任何一个；而在本章中，所有消费者都会加入一个网络中。假设消费者一旦选择某个网络后就不再更改，因此本章中的"网络成员资格"可以被理解为一种耐用品，而且这种资格还给消费者在每一期都带来效用，即享受这个网络上某种非耐用品的效用，我们称这类非耐用品市场为二级市场。例如，消费者购买打印机是消费耐用品，而消费者需要的与打印机配套的墨盒则属于二级市场用品。

模型每一期中的博弈时序如下。首先，总数为 $\eta-1$ 的消费者分布在两个网络上，因此 $i+j=\eta-1$。其次，一位新消费者出现，两个企业同时定价 $p(i)$ 和 $p(j)$ 以吸引新消费者加入。假设两个企业的产品成本为零，因此如果新消费者选择网络 i，则企业 i

获得利润 $p(i)$，而消费者获得一次性收益ζ_i。

新消费者做出选择后，总共有 η 个消费者分布在两个网络上。在这一期中，企业 i 收获报酬 $\theta(i)$，而每位附属于网络 i 的消费者享有收益 $\lambda(i)$。在这一期的最后，有一位消费者离开市场，所有人离开的概率都相同①，即离开者属于企业 i 的网络的概率是 i/η。

由于本章的主要目的是探究网络规模随时间变化的情况，假设 $\theta(i)$ 和 $\lambda(i)$ 是外生给定的函数，即将它们视为二级市场阶段所产生的结果。假设 $\theta(i)$ 和 $\lambda(i)$ 有界的，并且进一步假设 $\theta(i)$ 和 $\lambda(i)$ 具有以下两个性质。

性质 1　（递增的网络收益）$\lambda(i)$ 随 i 的上升而递增。

性质 2　（递增的网络规模报酬）$\theta(i)$ 及 $\theta(i+1)-\theta(i)$ 都随 i 的上升而递增。

性质 1 的意义很直观：网络规模越大，每位消费者在二级市场中所得到的效用就越大，或者至少不会变小。性质 2 的第一部分也相当直观：随着网络规模的增大，企业赚取的收益 $\theta(i)$ 至少不会减少。至于性质 2 的第二部分，$\theta(i)$ 的一阶差分递增意味着

$$\frac{\theta(i+1)-\theta(0)}{i+1} \geqslant \frac{\theta(i)-\theta(0)}{i}$$，进而意味着企业的边际利润

随网络规模的增加而增加，即每位新消费者给企业带来的二级市场中的利润是随网络规模的增加而递增的，也就是说，企业所得

---

①　假设每位消费者离开市场的概率相同，保证了状态空间的一维性。在相反的极端情况下，每位消费者在市场中存在固定的时期数（η 期，这样总的市场规模才能保持不变），状态空间变成了 η 维。

到的利润具有网络规模报酬递增的性质。

现实中有许多例子具有性质 1 和性质 2 这样递增的网络收益，比如耐用品（如复印机、打印机、照相机）消费和手机操作系统（如 Palm、Pocket PC）。但也有很多例子，这两个性质都不适用。本章第三节将讨论模型在无线电信网络中的应用，其中二级市场对应电话的使用。同时还将证明，如果终端收费对称（网络 A 向网络 B 支付的费用与网络 B 向网络 A 支付的费用相同）且大于边际成本，则网络收益及网络规模报酬递增。但若进入费用非常不对称，则性质 1 和性质 2 可能不成立。

本章将聚焦企业定价决策和消费者网络选择。具体而言，本章将分析 Markov 均衡定价策略以及消费者的网络选择。在每一期期初，两个企业面临的状态变量是企业 i 在期初的网络规模，企业 j 的网络规模可以由 i 表示：$j=\eta-1-i$。在企业定价和新消费者选择网络时，可观测到的状态变量是 i 的网络规模。[①] 接下来，本章将推导消费者和企业在 Markov 均衡状态下的决策。

（一）消费者选择

每位消费者的效用由 ζ_i 和 λ（i）两项决定。ζ_i 表示消费者对企业 i 的差异性偏好，其大小取决于企业本身而非企业网络规模（因此 i 为下标而非参数），ζ_i 是消费者的私人信息。λ（i）表示规模为 i 的网络所带来的收益，假设其与企业本身无关。假设消

[①] 当消费者享受网络收益时，总共有 η 位消费者，分属两个网络。然而，在定价时，仅有 $\eta-1$ 位消费者，在该时刻 $i \in \{0, \cdots, \eta-1\}$。状态和企业值函数是由此时刻（时期的开始）决定的。

费者只在加入网络的时期得到 ζ_i，而在每一期都能得到 $\lambda(i)$，因此 $\lambda(i)$ 随未来各期网络规模的变化而变化。[①]

假设 ζ_i 的值足够大，使得新消费者总是在现有的网络中选择一个，即购买其中一种商品得到的效用比不购买任何商品得到的效用高。这个假设对模型有很重要的影响，大大简化了分析过程。尤其是这个假设使得后续分析可以聚焦企业之间的差异（$\xi_i \equiv \zeta_i - \zeta_j$），即消费者对企业 i 网络的特异性相对偏好，这个相对偏好满足 $\xi_j = -\xi_i$。假设 ξ_i 分布服从的累积概率分布函数为 $\Phi(\xi)$，概率密度函数为 $\phi(\xi)$，该函数满足以下性质。

假设 1 ①$\Phi(\xi)$ 连续可导；②$\phi(\xi)$ 是对称的，即 $\phi(\xi) = \phi(-\xi)$；③$\phi(\xi)$ 在所有点取值为正，即 $\phi(\xi) > 0$，$\forall \xi$；④$\Phi(\xi) / \phi(\xi)$ 严格递增。

许多常见分布都满足假设 1 中的四个性质，比如正态分布。

令 $u(i)$ 为消费者在二级市场中得到的值函数，即消费者收到的效用流 $\lambda(i)$ 的折现值，它不包括 ζ_i 和消费者为加入网络 i 而付出的价格。不同于在每一期期初度量的企业值函数，$u(i)$ 须在消费者做出决策后度量，这意味着 $u(i)$ 中 i 的取值范围在 1 和 η 之间。

考虑以下消费者的最优决策问题。在企业 i 的网络规模为 i 时，对两个企业网络无差异的消费者的效用满足条件 $\xi_i = x(i)$，

[①] ζ_i 是在消费者首次出现时获得的这一假设并不重要。它可以是消费者一生中的任意时期。但这种设定消费者效用的方式简化了计算。重要的假设是，所有消费者的异质性体现在 ζ_i 的值中，而非持续出现的网络收益 $\lambda(i)$ 中。放弃这一假设会使状态空间变得相当大，分析变得相当复杂。

其中 $x(i)$ 由下式定义：

$$x(i) - p(i) + u(i+1) = -p(j) + u(j+1) \qquad (3-1)$$

或者写为：

$$x(i) = p(i) - p(j) - u(i+1) + u(j+1) \qquad (3-2)$$

其中，$p(i)$ 是消费者为加入网络 i 而向企业 i 支付的价格。当期初的网络规模为 i 时，如果该消费者加入网络 i，那么他从二级市场中得到的值函数为 $u(i+1)$，因为在他加入该网络之后，企业 i 的网络规模就变为 $i+1$。这里的无差异条件 $\xi_i = x(i)$ 与 Hotelling 的消费者决策模型近似，唯一的差别在于，在这个模型中，$u(i+1)$ 和 $u(j+1)$ 是内生的。

企业 i 面临的需求函数是新消费者加入其网络的概率，也就是 ξ_i 大于临界值 $x(i)$ 的概率。根据 ξ_i 的分布函数和 $x(i)$ 的定义，这个概率可以表示为：

$$q(i) = 1 - \Phi(x(i)) = 1 - \Phi(p(i) - p(j) \\ - u(i+1) + u(j+1)) \qquad (3-3)$$

加入网络 i 的消费者在二级市场中得到的效用的值函数为：

$$u(i) = \lambda(i) + \delta \left(\begin{array}{l} \dfrac{j}{\eta} q(i) u(i+1) \\[2mm] + \left(\dfrac{j}{\eta} q(j-1) + \dfrac{i-1}{\eta} q(i-1) \right) u(i) \\[2mm] + \dfrac{i-1}{\eta} q(j) u(i-1) \end{array} \right) \qquad (3-4)$$

其中，$\lambda(i)$ 是消费者在当期获得的效用，δ 为贴现因子，等号右边第二项是未来的贴现总效用，$q(i)$ 由式（3-3）给出，$i=1$，$\cdots$，η，$j=\eta-i$。[①] 式（3-4）表明，消费者的值函数包含两个部分。第一部分，当期效用是由当前二级市场中的效用 $\lambda(i)$ 决定的。第二部分，未来价值的大小有三种可能性。第一，有 $\frac{1}{\eta}$ 的概率，该消费者离开。在这种情况下，假设持续效用为 0。[②] 第二，有 $\frac{j}{\eta}$ 的概率，竞争对手网络的一位消费者离开。在这种情况下，新消费者选择网络 j 的概率是 $q(j-1)$，此时下一期的二级市场状态回到 i；而新消费者选择网络 i 的概率是 $1-q(j-1)=q(i)$，此时下一期的二级市场状态为 $i+1$。第三，有 $\frac{i-1}{\eta}$ 的概率，一位同样属于网络 i 的消费者离开。在这种情况下，下一期的新消费者可能选择网络 i 或者网络 j。如果新消费者选择网络 i，其概率是 $q(i-1)$，此时加入网络 i 的新消费者可以补偿离开的消费者带来的网络规模损失，下一期的二级市场状态回到 i，消费者在下一期得到效用 $u(i)$；如果新消费者选择网络 j，其概率是 $q(j)$，此时下一期的二级市场状态为 $i-1$，消费者在下一期得到效用 $u(i-1)$。因此，消费者的值函数由式（3-4）给出。

（二）企业的动态定价决策

企业 i 在状态为 i 时的值函数为：

---

① 式（3-4）要求 $q(\cdot)$ 在极端值 $i=1$ 和 $i=\eta$ 的情形下不被定义，然而在这些情形下，$q(\cdot)$ 与 0 相乘，因此不会影响等式成立。

② 或者，可以考虑在消费者离开市场后有一个恒定的持续效用。

$$v(i) = q(i)\left(p(i) + \theta(i+1) + \delta\frac{j}{\eta}v(i+1) + \delta\frac{i+1}{\eta}v(i)\right)$$
$$+ (1 - q(i))\left(\theta(i) + \delta\frac{j+1}{\eta}v(i) + \delta\frac{i}{\eta}v(i-1)\right) \quad (3-5)$$

其中，$i=0$，$\cdots$，$\eta-1$，$j=\eta-1-i$。[①] 在每一期中，式（3-5）等号右边部分是企业 i 的期望利润，考虑了企业 i 在两种可能的状态下的利润。

在第一种状态下，有 q（i）的概率，企业 i 赢得新消费者并获得利润 p（i），此时二级市场状态转变为 $i+1$，企业 i 从二级市场中得到的利润为 θ（$i+1$）。在下一期中，有 $\frac{j}{\eta}$ 的概率，网络 j 的一位消费者离开市场，此时网络分布状态保持为 $i+1$，企业 i 的值函数为 v（$i+1$）；有 $\frac{i+1}{\eta}$ 的概率，网络 i 的一位消费者离开市场，此时网络分布状态回到 i，企业 i 的值函数为 v（i）。

在第二种状态下，有 q（j）的概率，企业 j 赢得当期的新消费者，企业 i 在一级市场没有获得收入，在二级市场上，当期报酬为 θ（i）。在下一期中，有 $\frac{j+1}{\eta}$ 的概率，网络 j 的一位消费者离开市场，此时网络分布状态保持为 i，企业 i 的值函数为 v（i）；有 $\frac{i}{\eta}$ 的概率，网络 i 的一位消费者离开市场，此时网络分布状态变为 $i-1$，企业 i 的值函数为 v（$i-1$）。因此，得到式（3-5）中

---

① 再次重述，式（3-5）要求 v（·）在 $i=0$ 的极端情形下不被定义，然而其与 0 相乘，不造成额外影响。

企业 i 的值函数。

由式（3-3）可知，新消费者选择 i 的概率 $q(i)$ 随其价格 $p(i)$ 的变化而变化，再结合式（3-5），可以得到企业 i 价值最大化的一阶条件：

$$q(i) + \frac{\partial q(i)}{\partial p(i)} \left(\begin{array}{l} p(i) + \theta(i+1) - \theta(i) + \delta\dfrac{j}{\eta}v(i+1) + \\[2mm] \delta\dfrac{i+1}{\eta}v(i) - \delta\dfrac{j+1}{\eta}v(i) - \delta\dfrac{i}{\eta}v(i-1) \end{array} \right) = 0$$

或简记为：

$$p(i) = h(i) - w(i) \qquad\qquad (3-6)$$

其中，$h(i) \equiv \dfrac{q(i)}{-q'(i)} = \dfrac{1-\Phi(x(i))}{\phi(x(i))}$，$w(i) \equiv (\theta(i+1) -$

$\theta(i)) + \delta(\dfrac{j}{\eta}v(i+1) + \dfrac{i-j}{\eta}v(i) - \dfrac{i}{\eta}v(i-1))$，

$q'(i) = \dfrac{\partial q(i)}{\partial p(i)}$。

为理解式（3-6）中一阶条件的经济学直觉，将其改写如下：

$$\frac{p(i) - (-w(i))}{p(i)} = \frac{q(i)}{-q'(i)p(i)} = \frac{1}{\varepsilon} \qquad (3-7)$$

其中，ε 是新消费者需求价格弹性的绝对值。换句话说，式（3-7）与标准的静态利润最大化时弹性定价规则近似，唯一的不同在于：为了便于推导，本章假定产品的边际成本为零，原本的边际成本由一个"负成本" $-w(i)$ 替代。$w(i)$ 的值表示企业 i 由于赢得当期消费者而在未来期的增量利润。此处的"未来期"指的是从当期的二级市场开始。当期利润的增量为 $\theta(i+1)-\theta(i)$，而未来利润的增量为状态 $i+1$ 和状态 i 下值函数值的差（如果离开市场的消费者属于网络 j），或者为状态 i 和状态 $i-1$ 下值函数值的差（如果离开市场的消费者属于网络 i）。

因此，式（3-6）等号右边的第一项可近似对应为垄断定价问题中的标准溢价。唯一差别在于消费者需求受到其内生价值差异 $u(i+1)-u(j+1)$ 的影响：对两个网络无差异的消费者的"位置"是 $x(i)=p(i)-p(j)-u(i+1)+u(j+1)$，消费者选择企业 i 的概率（对网络 i 的需求）随 $x(i)$ 的增加而下降，并且这个概率随 $u(i+1)-u(j+1)$ 的增加而上升。因此，式（3-6）等号右边的第一项反映了企业"收获"网络规模的激励对价格的影响，也就是说，需求弹性越小，价格越高。

式（3-6）等号右边第二项反映了企业的"投资"价格激励，即企业想从当前交易中获得的未来报酬越多，设定的当期价格就越低。下一节将继续讨论这一问题。将式（3-6）代入式（3-5）并简化，得到：

$$v(i)=r(i)+\theta(i)+\delta\left(\frac{j+1}{\eta}v(i)+\frac{i}{\eta}v(i-1)\right) \qquad (3-8)$$

其中，$r(i)\equiv(1-\Phi(x(i)))h(i)=\dfrac{(1-\Phi(x(i)))^2}{\phi(x(i))}$。

由于式（3-8）中 $v(i)$ 的表达式只依赖于 $v(i-1)$，因此如果将式（3-8）写成矩阵形式，那么可以得到所有 $v(i)$ 组成的向量是其自身的一个线性表达式，并且等号右边该向量前的系数矩阵是一个下三角矩阵，可以运用前向迭代法来求解每一个 i

取值下的 v（i）。方程组的解可以表示为：

$$v(i) = 1 - \delta \frac{\eta - i^{-1}}{\eta}\left(r(i) + \theta(i) + \delta \frac{i}{\eta}v(i-1)\right) \qquad (3-9)$$

其中，$i=0$，$\cdots$，$\eta-1$。当 $i=0$ 时，可以通过 r（0）和 θ（0）得到 v（0），然后由 v（0）、r（1）和 θ（1）得到 v（1）。依此类推，可以得到当 $i>0$ 时 v（i）的值。

（三）转移矩阵和稳定状态分布

给定 q（i），可以计算 Markov 转移矩阵 $M = m$（i，k），其中 m（i，k）是从当期状态 i 转移到下一期状态 k 的概率。对于 $0<i<\eta-1$，根据上一节的分析，可知转移概率满足以下等式：

$$m(i,i-1) = \frac{i}{\eta}(1 - q(i))$$

$$m(i,i) = \frac{i+1}{\eta}q(i) + \frac{\eta-i}{\eta}(1 - q(i))$$

$$m(i,i+1) = \frac{\eta-1-i}{\eta}q(i)$$

此外，当 $k<i-1$ 或 $k>i+1$ 时，m（i，k）$=0$，这是因为每期只有一位新消费者，因此状态差异不会大于1。当 k 等于边界值情形时，转移概率的取值可以按如下方法得到：对于 $i=0$，运用转移概率的第一个等式得到 m（0，-1），然后可以推导出 m（0，0）。类似地，对于 $i=\eta-1$，运用转移概率的第三个等式得到 m（$\eta-1$，η），然后可以推导出 m（$\eta-1$，$\eta-1$）。得到的结果为 m（0，0）$= 1-\frac{\eta-1}{\eta}q$（0），

$$m\ (0,\ 1)=\frac{\eta-1}{\eta}q\ (0),\ m\ (\eta-1,\ \eta-2)=\frac{\eta-1}{\eta}\ (1-q\ (\eta-1)\ ),$$

$$m\ (\eta-1,\ \eta-1)=1-\frac{\eta-1}{\eta}\ (1-q\ (\eta-1)\ )\ 。$$

由于前文假定了 $\varPhi\ (\cdot)$ 的定义域是全部实数，并且 $q\ (i)\in$ $(0,\ 1)$，$\forall i$，因此定价阶段不存在角点解。由此可见，Markov 过程是遍历性的，且可以计算稳定状态下的状态分布概率，这个分布概率由 $dM=d$ 的解向量给出。

二 结果

本节刻画本章模型的均衡结果。首先回答关于该博弈模型的一个有趣问题，即均衡是否具有存在性和唯一性。在确定了这一点后，再继续对价格函数、市场份额的变化以及企业利润进行分析。

关于价格函数，本章关注的主要问题是，在有网络效应的情况下，$p\ (i)$ 是否具有单调性。这个答案并不明显。一方面，较大规模网络可能利用消费者对其网络的更高支付意愿而设定更高价格；另一方面，较大规模网络在失去新消费者时的边际损失也更大。因此，较大规模网络可能在定价时比较小规模网络更为激进，会选择更低的价格。这两个因素对价格影响的相对大小决定了价格对网络规模的单调性。

关于市场份额的变化，本章引入两个概念：市场弱占优和市场严格占优。市场弱占优是指较大规模网络比较小规模网络吸引到新消费者的概率更高，即当且仅当 $i>j$ 时，$q(i)>q(j)$。市场弱占优并不意味着较大规模网络趋于扩大，事实上，因为网络 i 的消费者离开的概率是 i/η，这意味着较大规模网络更有可能损失消费者。因此，引入市场严格占优的概念，即较大规模网络的期望规模增大的充分必要条件为 $q(i)>i/\eta$，也就是说消费者选择网络 i 的概率大于离开的消费者属于网络 i 的概率。此外，由于较大规模网络中消费者离开的概率大于较小规模网络中消费者离开的概率，因此市场严格占优必然意味着市场弱占优。[①]

关于企业利润，本章关注的问题是企业价值是否随其网络规模的增长而上升，以及企业价值和行业价值随网络效应强度变化时的单调性。

概括起来，本章模型主要由四组方程构成：新消费者的需求函数［式（3-3）］、消费者的值函数［式（3-4）］、企业的格函数［式（3-6）］和企业的值函数［式（3-9）］。由这四个等式决定的均衡结果没有解析解。因此，采取两种策略来分析均衡时企业的定价策略。第一，求解部分参数值下的解析解（由本节中的命题 1 至命题 5 刻画），具体的参数范围是低 η、低 δ 和低 ψ，其中 ψ 是衡量网络效应强度的参数。第二，用数值方法来判断第一步中的分析结果可以在多大程度上扩展到参数空间的其余部分。

---

① Athey 和 Schmutzler（2001）也区分了市场弱占优和市场严格占优，他们提出了一个动态竞争的投资模型。在其定义中，市场弱占优意味着主导者投资更多，而市场严格占优则意味着主导者期望的领先优势更大。尽管本章模型与该模型不完全相同，但本章定义可以与其自然对应。

在正式讨论主要结果前，首先通过三个引理对模型均衡的唯一性以及 $q(i)$ 和 $p(i)$ 的性质进行局部刻画。这些引理起到了以下几个方面的作用。首先，辅助理解均衡动态变化的经济学直觉。其次，用于证明本章的命题。最后，引理 1 还为数值计算中使用的高斯方法提供了基础。这些引理以及其后的命题充分利用了不同消费者和企业之间的差异。特别地，定义：

$$P(i) = p(i) - p(j)$$
$$H(i) = h(i) - h(j)$$
$$U(i) = u(i + 1) - u(j + 1)$$
$$W(i) = w(i) - w(j)$$

其中，大写字母表示 i 和 j 相应变量的差异。这些等式中唯一的例外是 $U(i)$，因为当一个新消费者加入网络 i 时，网络规模增加到 $i+1$。

引理 1　若给定 $\{U(i), W(i)\}$，存在唯一的 $\{p(i), q(i)\}$ 满足式（3-3）和式（3-6）中的均衡条件；若给定 $\{p(i), q(i)\}$，存在唯一的 $\{u(i), v(i)\}$ 满足式（3-4）和式（3-9）中的均衡条件。

注意到 $\{U(i), W(i)\}$ 是由 $\{u(i), v(i)\}$ 唯一决定的，因此引理 1 的一个推论是：给定 $\{u(i), v(i)\}$，存在唯一的 $\{p(i), q(i)\}$ 满足均衡条件式（3-3）和式（3-6）。[①] 虽然引理 1 没有证明均衡的唯一性，但展示了在静态模型

---

① Caplin 和 Nalebuff（1991）证明了当 $\delta = 0$ 或 $\{u(i), v(i)\}$ 给定时，与静态博弈类似的博弈均衡唯一性。不同于本章的假设 1，Caplin 和 Nalebuff（1991）假设 ϕ 的对数为凹函数。Bagnoli 和 Bergstrom（2005）证明了本章假设弱于 Caplin 和 Nalebuff（1991）的假设。

中如何得到均衡的唯一性。由于每一期只有一个消费者做出决策，这意味着求解均衡问题可以简化为求解企业定价和新消费者选择这两个优化问题。

引理 2 在均衡中，$q(i)$ 随着 $U(i)+W(i)$ 的增大而增大。而且，当且仅当 $U(i)+W(i) \geq 0$ 时，有 $q(i) \geq \frac{1}{2}$。

引理 2 意味着当且仅当 $U(i)+W(i)>0$ 时，有 $q(i)>q(j)$。因此，出现了两类市场弱占优：$U(i)$ 和 $W(i)$。当消费者从更大网络中获得更高效用时，$U(i)>0$，这可以提高新消费者加入较大规模网络的可能性。当大网络赢得新消费者获得的利润比小网络赢得新消费者获得的利润更高时，$W(i)>0$。由于 $p(i)=h(i)-w(i)$，这意味着网络规模越大，$w(i)$ 越高，价格竞争越激烈，这也会提高消费者加入大网络的可能性。

需要指出的是，以上结果依赖于对外部产品总是被占优的假设，即新消费者总是会选择一个网络。如果外部产品不是被占优，模型将需要考虑一个二维的状态空间，同时跟踪 i 和 j 的大小。这将使得模型求解和分析变得十分复杂。

引理 3 给定 $W(i)$，当且仅当 $U(i)>U'$ 时，存在一个 U'，使得 $P(i)>0$。给定 $U(i)$，当且仅当 $W(i)>W'$ 时，存在一个 W'，使得 $P(i)<0$。

$U(i)$ 和 $W(i)$ 的值用以度量企业的两种定价激励。在 $U(i)$ 为正的情况下，消费者加入网络 i 比加入网络 j 时得到的效用更高，这个溢价使得消费者对网络 i 有更高的支付意愿。若保持其他条件不变，该溢价将驱使企业 i 选择更高的价格，本书将这个效应称为"收获效应"。但实际上其他条件必然改变，如 $W(i)>0$ 意味着企业 i 通过获得新消费者而得到的未来报酬更高，这将驱使企业 i 选择更低的价格来吸引新消费者，本书将这个效应称为"投资效应"。

由此可知，在收获效应和投资效应之间存在"竞赛"。引理 3 提供了这一"竞赛"下价格的局部特征。当由 $U(i)$ 度量的收获效应相对于由 $W(i)$ 度量的投资效应足够大时，较大规模的网络 i 会设定更高的价格。有了这三个引理，就可以刻画模型在特定参数集区域的均衡。首先考虑低 η 的情况。

命题 1　如果 $\eta=2$，那么模型存在唯一均衡。如果第一节中模型的性质 1 和性质 2 成立，那么 $q(1)>q(0)$ 且 $v(1)>v(0)$。存在一个 λ'，使得 $\lambda(2)-\lambda(1)>\lambda'$ 是 $p(1)>p(0)$ 的充要条件。

$\eta=2$ 意味着市场中总是存在两个消费者，在这一特殊条件下，$U(i)$ 和 $W(i)$ 的值完全由 $\lambda(i)$ 和 $\theta(i)$ 决定，命题 1 的第一部分即来自引理 1。同时，性质 1 和性质 2 暗含 $U(i)>0$ 和 $W(i)>0$，于是命题 1 的第二部分由引理 2 $[q(1)>q(0)]$ 和简单的代数运算得出 $[v(1)>v(0)]$。关于价格的结果来自引理 3。

关于本章模型的一个疑问是消费者理性预期所扮演的角色。目前许多网络效应的模型假定消费者是短期存在的、近视的或天真的。这里所说的天真的消费者是指消费者假设网络规模在未来依然保持在当前水平不变，即消费者无法求解模型或正确预测网络规模的变化。用带波浪符的变量表示天真的消费者情况下的均衡变量。从值函数开始，有：

$$\tilde{u}(i) = \lambda(i) + \delta\tilde{u}(i) \tag{3-10}$$

换句话说，网络 i 中的消费者假定未来网络规模保持不变。还有其他的办法构造"天真"，但当前方法是较为自然的。① 相比理智、远视的消费者情形，天真的消费者情形下的模型均衡有何差异？接下来的命题给出了答案。

命题 2　假设性质 1 成立。如果 $\eta = 2$，那么 $\tilde{q}(0) < q(0)$ 且 $\tilde{v}(0) < v(0)$。

当 $\eta = 2$ 时，小网络的规模为 0，因此小规模网络会受到消费者天真性的负面影响，因为从预期值来看，其网络规模只会增大——但天真的消费者未能考虑到这一点。例如，假设 $\Phi(x)$ 是满足假设 1 的标准正态分布，并且假定 $\theta(0) = 0$，$\theta(1) = \frac{1}{2}$，$\theta(2) = 2$，$\lambda(1) = \frac{1}{2}$，$\lambda(2) = 1$（均符合性质 1 和性质 2），以及 $\delta = 0.9$。那么，在理性消费者的均衡中，可以计算出新消费者选择小网络的概率 $q(0) \approx 0.199$，而在天真的消费者的均衡中，求得 $\tilde{q}(0) \approx 0.097$。也就是说，天真的消费者模型会对小企业达成交易的概率低估约 51%。对于企业价值而言，有 $v(0) \approx 7.96$，$\tilde{v}(0) \approx 2.43$，这表明天真的消费者模型会对小企业的价值低估

---

① 例如，还可以假设消费者允许自身离开（以 $1/\eta$ 的概率发生）。在这种情形下，δ 须乘以 $(\eta-1)/\eta$。命题 2 中的结论依然成立。

近 70%。当然，不同参数值会导致不同的估计误差。然而，通过数值计算的方法，可以发现命题 2 的结果在很多不同参数下都成立。

接下来讨论折现系数 δ 很小的情况，命题 3 展示了均衡的唯一性并刻画了价格函数，命题 4 展示了市场份额的变化情况。

命题 3 存在一个 δ'，使得当 $\delta < \delta'$ 时，以上模型存在唯一均衡。并且，①如果 $\theta(i+1) - \theta(i)$ 是常数且性质 1 严格成立，那么 $p(i)$ 严格递增；②如果 $\lambda(i)$ 是常数且性质 2 严格成立，那么 $p(i)$ 严格递减。

命题 3 强调了影响企业定价激励的两种主要力量：对当前新消费者的市场势力，以及对二级市场和未来期市场势力的追求。从数学上来看，已知 $p(i) = h(i) - w(i)$，等式右边代表两种力量对定价的影响。命题 3 讨论折现系数很小的情形。此时，大部分影响反映在二级市场在当期的报酬上，可以推导第一种或第二种影响占主导地位的条件。

在命题 3 的情形①之下，企业 i 赢得新消费者时在二级市场上的收益并不依赖于市场规模，这是因为 $w(i)$ 是常数。在这种情形下，定价的差异完全由关于新消费者对市场力量的考虑 $h(i)$ 驱动。此时，消费者愿意为更大规模的网络支付更高的价格。在均衡下，反映为网络规模更大的企业定价也更高。因此，$p(i)$ 关于 i 递增。

在命题 3 的情形②之下，消费者并不关心网络规模，但这并不意味着没有网络外部性，而是卖家完全占有了网络外部性带来的增量消费者剩余。如果没有二级市场和未来利润，两个企业会选择相同的定价，因为产品在消费者眼中是同质的。但是，由于 $w(i) \approx \theta(i) - \theta(i-1)$ 是递增的，网络规模更大的企业赢得下一交易的收益也更大，这意味着 $p(i) = h(i) - w(i)$ 是关于 i 递减的。

在提出下一个命题前，本书定义"对称状态"为 $i^* \equiv \dfrac{\eta-1}{2}$。若 η 为偶数，则不存在对称状态，但下面的结果仍然适用。[①]

命题 4 假设性质 1 和性质 2 成立。存在 δ'，λ'，θ'，使得如果 $\delta < \delta'$，那么：①当且仅当 $i > i^*$ 时，有 $q(i) \geqslant \dfrac{1}{2}$；②如果 i 接近 0 或 $\eta-1$，那么状态期望值向 i^* 收敛；③如果 i 接近 i^*，并且满足 $\lambda(i^*+1) - \lambda(i^*) > \lambda'$ 或者 $\theta(i^*+1) + \theta(i^*-1) - 2\theta(i^*) > \theta'$，那么状态期望值将远离 i^*。

命题 4 说明，当 δ 很小时，会出现市场弱占优。然而，当企业 i 的市场份额接近 0 或 100% 时，其网络规模增加的概率小于网络规模减小的概率，企业 i 的状态将回归均值 i^*，这与市场严格占优恰恰相反。当 i 在对称状态 i^* 附近时，如果 $\theta(i)$ 非常凸或 $\lambda(i)$ 非常陡，则会出现市场严格占优。

在这组分析结果的最后，当消费者在二级市场中得到的效用随着网络规模线性增长时，命题 5 成立。命题 5 总结了网络效应强度较小时模型均衡解的完整特征。

[①] 具体来说，若 η 为奇数，则 i^* 是对称状态。若 η 为偶数，则不存在对称状态。$i^* - 1/2$ 和 $i^* + 1/2$ 是两个最接近对称的状态。

命题 5　假定 $\lambda(i) = \psi \cdot i$ 且 $\theta(i) = 0$。存在一个 ψ'，使得如果 $\psi < \psi'$，那么均衡状态满足：①企业价格关于网络规模递增；②大规模网络更可能吸引新消费者；③大规模网络的期望规模递减；④企业价值随着网络规模的增加而递增；⑤行业利润随着网络效应的增强而递减。

命题 5 的第①、②、③部分与命题 3 和命题 4 一致。第④、⑤部分与均衡状态下的企业价值有关。二者合在一起说明，在网络效应作用下，更大的网络规模意味着更高的企业价值，但网络效应对行业总价值有一致性削弱效果。这让人联想到 Cabral 和 Riordan（1994）的干中学模型的结论。他们的研究表明，在均衡状态下，行业价值低于没有干中学发生时的情况。换句话说，尽管干中学及网络效应能够提高社会的总价值，但降低了行业总价值。[①] 注意这一结论在很大程度上依赖于本章假设市场中没有外部产品（或者等价于外部产品总是被现有的网络产品占优）。如果存在一个外部产品，那么网络效应通过提高两个网络产品的价值，可能带来市场总规模的扩大，此时行业价值可能会提高。

以上理论结果适用于参数值 (η, δ, ϕ) 的极小值。为了探索其他参数值的情况，可以进行一系列数值模拟计算。[②] 数值模拟计算结果表明，上述命题中所描述的结论在参数取值范围扩大时依然成立，从而证明了以上理论结果并不依赖于具体的参数值。

数值模拟计算结果还展现出了以上命题中没有得到的结果，

---

① 详见 Cabral 和 Villas-Boas（2005）对该观点的概述。
② 详细情况可参见 Cabral（2011）的研究。

如价格函数。前文在理论层面证明了存在收获效应和投资效应之间的"竞赛"。数值模拟计算结果显示，当二级市场收益主要归属消费者时，会得到递增的企业价格函数（收获效应占主导）；当二级市场收益主要归属企业时，会得到递减的企业价格函数（投资效应占主导），除非 δ 很大并且市场规模也很大，此时价格函数依然有正斜率。总之，以上结果均与命题 3 相一致（δ 很大的情况除外）。

关于市场占优，所有的数值模拟计算结果均表明 $q(i)$ 是递增函数，因此命题 1 和命题 4 的结论可以扩展到更多的参数取值范围。而且，若网络收益足够大，则会发生市场严格占优。这个发现也符合并扩充了命题 1 和命题 4。

三　应用

本节首先将以上理论框架应用于无线通信行业，这个应用将适当调整 Laffont 等（1998a，1998b）的静态模型，得到 $\theta(i)$ 和 $\lambda(i)$ 的特定函数形式；其次用本章得到的动态模型研究终端收费（即接入费）监管政策的影响。

在多数发达国家，直接网络效应在电信行业发挥的作用相对较小：由于存在多种网络间互联协议，呼叫者可以打给其他任何人。然而，如果通话收费因呼叫者的网络不同而存在差异（例如，通常网间通话比网内通话更贵），那么可以得到 Laffont 等（1998a，1998b）所谓的资费导致的网络效应或网络外部性，即这种网络效应并非网络本身的特性导致的，而是网间通话收费比网内通话收费更高导致的，使得同一个网络内部用户之间的外部性比两个网络的用户之间的外部性更高。

本节假定终端收费由监管者制定（很多欧洲国家采取这样的政策），并估计了不同政策的影响。结果表明，终端收费除了导致网络效应（或者说静态效应）外，还需要考虑不同水平的终端收费如何引致网络市场结构的不同动态路径。具体来说，本节将证明边际成本溢价更高的企业存在更大程度的市场占优，即大网络呈现继续扩增的更大趋势。

（一） 模型

图 3-1 阐释了两个网络在二级市场的网络间博弈，这个博弈与 Laffont 等（1998a，1998b）的假设类似。每个网络分别设定网内通话价格和网间通话价格。例如，如果 A 打给同一网络的 B，A 被收取 $\tilde{p}(i)$，即网络 i 的网内通话价格。如果 A 打给非同一网络的 C，A 被收取$\hat{p}(i)$，即网络 i 的网间通话价格。假设接听者不需要支付费用。

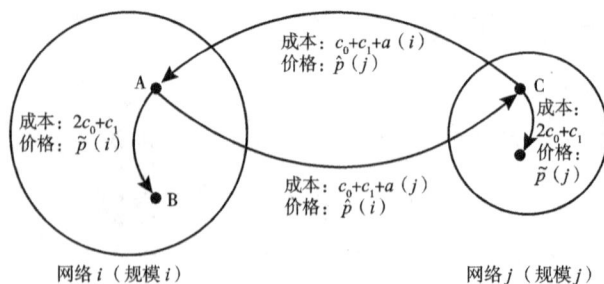

图 3-1　网内网间通话模型

资料来源：Cabral（2011）。

本章模型与 Laffont 等（1998a，1998b）的模型的主要区别在于，Laffont 等（1998a，1998b）假设所有消费者同时选择要加入的网络以及进行通话的次数。而本章假设每一时期各个网络的规模是给定的，仅有一位新消费者需要决定欲加入的网络，其他消费者仅决定要进行通话的次数。[1] 在一级市场中，新消费者选择网络；在二级市场中，所有消费者选择通话次数。

在成本方面，延续 Laffont 等（1998a，1998b）的假设，一次通话的社会成本是 $c_0+c_1+c_0$，其中 c_0 是网络两端各自的通话成本，c_1 是网络电缆连接成本。对于网内通话（如图 3-1 中 A 打给 B），成本 $c_0+c_1+c_0$ 全部由这个网络承担。对于网间通话（如 A 打给 C），呼出的网络（此处为 i）承担成本 c_0+c_1，对应网络一端的通话成本和电缆连接成本，另外加上支付给网络 j 的终端费用 $a(j)$，即网络 j 提供呼叫服务而收取的接入费用。

假设对于每一对用户，通过发起一个通话得到的效用为：

$$u_c(q_c) = \left(\omega - \frac{1}{2} q_c \right) q_c$$

其中，ω 为常数，q_c 是两个用户之间通话的次数（或分钟数）。可以证明，此时消费者和企业在二级市场中的报酬函数[2]为：

---

[1] 本章与 Laffont 等（1998a，1998b）的研究的另一个不同是，他们既考虑了线性价格，也考虑了两部收费法。

[2] 证明过程参见 Cabral（2011）的附录部分。

$$\lambda(i) = (i-1)\frac{1}{2}\left(\frac{\omega - 2c_0 - c_1}{2}\right)^2 + j\frac{1}{2}\left[\frac{\omega - c_0 - c_1 - a(j)}{2}\right]^2$$

$$\theta(i) = i(i-1)\frac{1}{2}\left(\frac{\omega - 2c_0 - c_1}{2}\right)^2 + ij\left[\frac{\omega - c_0 - c_1 - a(j)}{2}\right]^2$$

$$+ ij\left[\frac{\omega - c_0 - c_1 - a(i)}{2}\right]\left[a(i) - c_0\right]$$

（二）接入费与短期利润

下面用本章模型探究网络 j 付给网络 i 的接入费 $a(i)$ 在不同值下的静态和动态影响。考虑以下三种情形。

情形 A　接入费规定为边际成本：$a(i) = c_0$。

情形 B　接入费为边际成本的 2 倍：$a(i) = 2c_0$。

情形 C　接入费与网络规模成反比，具体而言：$a(i) = \left(2 - \frac{i}{\eta}\right)c_0$。

在某种程度上，情形 C 的不对称监管规则是情形 A 和情形 B 的结合，在这种情形下，一个大小为 0 的网络收费为 $2c_0$（如情形 B），而一个大小为 η 的网络则收费为 c_0（如情形 A）。这三种情形虽然是非常特殊的情形，但它们大致反映了近年来欧洲监管机构的各种政策。在过去，企业的共识偏近于情形 B 或情形 C，而近年来则向情形 A 靠拢。

图 3-2 描绘了二级市场中企业利润和消费者剩余与企业 i 的市场份额的关系。[①] 图 3-2（a）为企业利润，当接入费规定为

---

① 在本节展示的所有模拟中，均假设 $\delta = 0.9$，$c_0 = c_1 = 1$，$\omega = 5$。不同参数值得到的定性结果相同。

情形 A 中的边际成本时，网内和网间通话成本相同。因此，企业在每个时期的利润与其市场份额成正比。在情形 B 中，当终端收费固定且高于边际成本时，就会出现双重加价的情况。这意味着均衡利润低于情形 A。[①] 在情形 C 中，利润函数 $\theta(i)$ 虽然仍是增函数，但当网络规模 i 取值较小时，$\theta(i)$ 是凹函数（因而违背了性质 2）；当网络规模 i 取值较大时，$\theta(i)$ 是凸函数。而且，当网络规模 i 取值较小时，情形 C 中的 $\theta(i)$ 在三种情形中最大：就当期利润而言，小规模网络更倾向于不对称监管以提高终端收费，而大规模网络则只能选择较低收费。

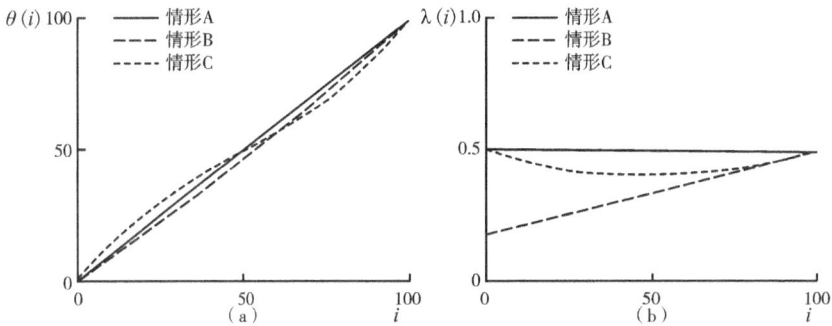

图 3-2 三种情形下的企业利润和消费者剩余

资料来源：Cabral（2011）。

图 3-2（b）描绘了消费者剩余关于网络规模的函数。当接入费规定为情形 A 中的边际成本时，消费者剩余与网络规模无

---

① 注意此处考虑的是两个企业都将收费定在成本之上的情况。给定企业 j 的接入费，企业 i 通过收取高于成本的接入费获取更高收益。换句话说，设置接入费的一次性博弈是一个囚徒困境：两个企业定价在边际成本时收益更高，但每一个企业都有动机设定高于边际成本的价格。

关。这是因为，当网内和网间通话价格相同时，消费者并不关心自身所处的网络规模。在情形 B 中，当终端收费固定且高于边际成本时，企业倾向于使网间通话价格比网内通话价格更高。因此，消费者剩余关于网络规模线性递增。在情形 C 中，当网络规模为 0 或者 η 时，消费者剩余与情形 A 相同。若 $i=0$，对手网络收取的终端费用等于边际成本，因此从消费者角度看，情形 C 与情形 A 相同；若 $i=\eta$，消费者并不关心接入费，因为无论如何都不会产生网间通话。若 i 为中间值，终端收费的不对称监管可能导致非单调的消费者剩余函数（因而违背了性质 1）。

综上分析可知，终端费用规定在边际成本之上意味着短期经济损失，通常会导致企业利润和消费者剩余的损失。然而，在不对称监管下，小规模网络情况更好。性质 1 和性质 2 在情形 A 和情形 B 中成立，但在情形 C 中均失效。

（三）接入费与动态均衡

接入费溢价的短期影响已经广泛见于 Laffont 等（1998a，1998b）及其他文献。本章对此应用的主要观点是不同的接入费制度也有重要的动态影响。图 3-3 描绘了三种情形下各内生变量的值，包括企业的价格函数、消费者的需求函数、消费者的值函数、消费者福利和社会总福利。

图 3-3（a）描绘了新消费者为加入规模为 i 的网络而支付的价格。在情形 A 中的边际成本接入定价之下，价格与网络规模无关。事实上，由于利润与市场份额成比例，企业吸引新消费者的

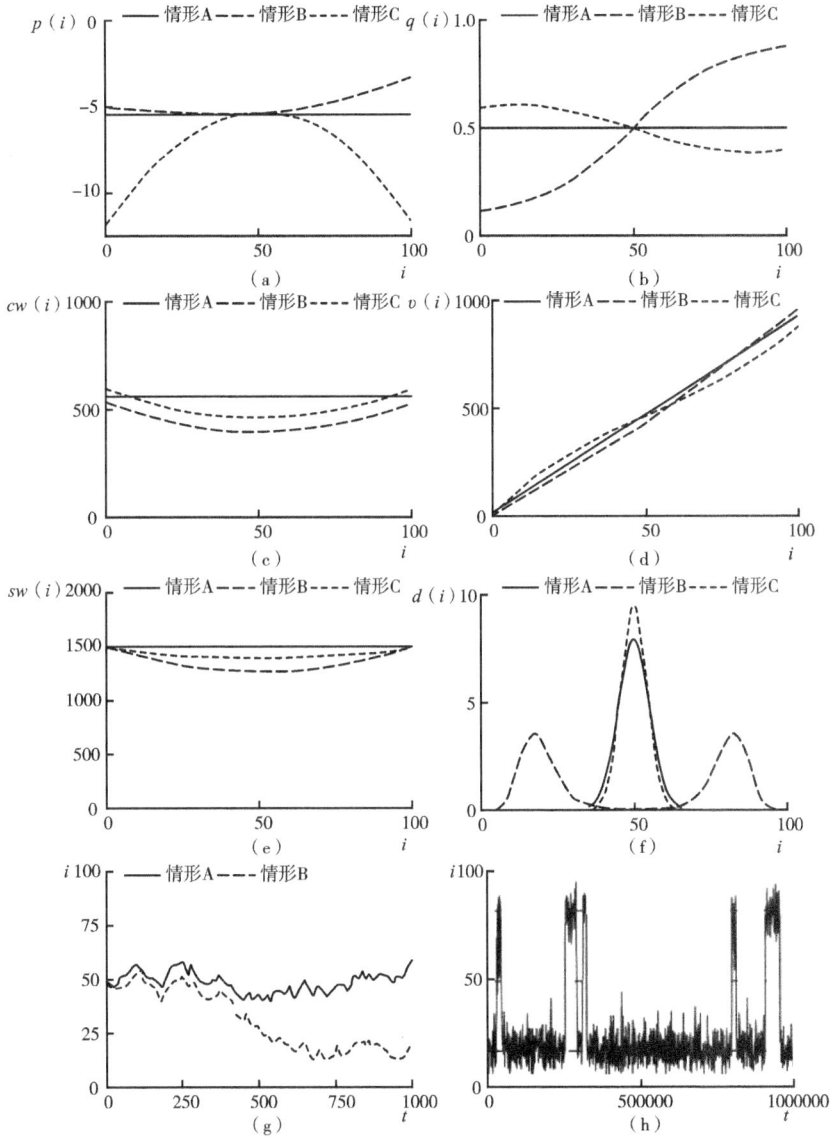

图 3-3 三种情形下的接入费模拟结果

资料来源：Cabral（2011）。

动机与其网络规模无关，而且消费者也不关心网络规模。然而，如果 $a(i) = \bar{a} > c_0$，则会产生两个结果：第一，其他条件不变时，消费者更愿意加入大型网络；第二，企业 i 在每一时期的报酬是其市场份额的凸函数。这两个结果共同导致企业的价格函数呈现 U 形：当 i 取值较小时，由于企业值函数 $v(i)$ 的凸性，企业的投资激励很小，因此对消费者收取高价；而当 i 取值较大时，由于 $u(i)$ 的递增性，收获效应占主导，依旧对消费者收取高价。除此之外，企业价格间的战略互补性也是一个因素。这些结果与前文的分析和数值结果大致相同。

考虑情形 C 中非对称接入费监管的情况。如前文所述，这种情况意味着无论 i 的取值是大还是小，企业利润关于网络规模的导数都非常大。企业的短期报酬函数 $\theta(i)$ 的大小反映在值函数 $v(i)$ 上，这从图 3-3（d）中可以看出。这导致企业在市场份额非常不对称时，对新消费者的竞争变得十分激烈。因此，定价函数呈倒 U 形。这与本章第二节中得到的结果不同，这是因为第二节中假设性质 1 和性质 2 成立，而在情形 C 中这些性质是不成立的。

接着讨论图 3-3（b）中的 $q(i)$。在情形 A 中边际成本终端收费之下，消费者对网络规模无差异，这导致消费者以恒定 50% 的概率加入网络 i。然而，在情形 B 中，在 $a(i) = \bar{a} > c_0$ 的固定溢价的情况下，大型网络对消费者更有吸引力。与第二节一致，这导致 $q(i)$ 函数的递增性。事实上，如果对边际成本的溢价足够高 [如 $a(i) = 2c_0$ 的情形]，则 $q(i)$ 的斜率在 $i = \eta/2$ 时大于

$1/\eta$。在情形 C 中，可得到一个非单调的 $q(i)$ 映射。这与第二节中假设性质 1 和性质 2 成立时的理论结果不同。特别地，当 i 较小时，消费者收益随着网络规模的增加而递减。

不同的需求函数 $q(i)$ 会导致市场份额的不同稳定状态分布。在情形 A 和情形 C 中，当且仅当 $i<\eta/2$ 时，企业 i 获得新消费者的概率 $q(i)$ 大于企业 i 有消费者离开的概率。因此，市场份额的稳定状态分布是单峰的，动态变化向平均值回归。在情形 B 中，当 i 的取值在 $\eta/2$ 附近时，企业 i 获得新消费者的概率 $q(i)$ 大于企业 i 有消费者离开的概率只有在 $i>\eta/2$ 时才会发生。因此，动态变化向市场严格占优变迁。这在图 3-3（f）$d(i)$ 的结果中得到了阐释。

图 3-3（g）和图 3-3（h）阐释了稳定状态分布下的动态特征。其中，图 3-3（g）展示了在情形 A 和情形 B 下将模型模拟博弈进行 1000 期的情况（情形 C 与情形 A 相似）。企业的初始状态从对称情形 $i=i^*=50$ 开始，从图中可以看出，i 的值在情形 A 中多数时间保持在 i^* 附近，但在情形 B 中迅速收敛到某一非对称状态，在这一特定例子中 i 将收敛到 18。在情形 B 中，i 的值"长时间"徘徊在非对称状态。然而，如果模拟的时间足够长，会发生"倾斜"，即 i 的值可能会在非对称状态之间变化。这在图 3-3（h）中进行了阐释，该图模拟了情形 B 中博弈进行 1000000 期的情况。

再来讨论利润和社会福利。在图 3-3（e）中，$sw(i)$ 表示社会福利，终端收费 $a(i)$ 高于边际成本的溢价越高，社会福利越低，因此社会福利在情形 B 中最低，在情形 A 中最高。不出意外地，i 的取值越接近 $\eta/2$，社会福利损失越大。在 $i=0$ 时，不存在网间通话，因此三种情形下社会福利都相同。可以看到，图 3-3（e）中社会福利仅作为状态 i 的函数。

平均长期福利是对 sw（i）以 i 的稳态分布概率为权重的积分，这个稳态分布权重对社会福利有重要的影响。例如，如果计算社会福利在情形 B 和情形 C 之间的简单平均差异，那么后者将大于前者约 5.65%。然而，经过长稳态分布概率加权后，这个差异小了很多，下降到约 2.57%。从理论上来讲，两种情形下社会福利差异平均值的符号可正可负。

尽管社会福利在情形 B 终端收费溢价的情况下一致较低，但不同的政策同样显著地影响消费者和企业社会福利分布，图 3-3（c）和图 3-3（d）对此进行了阐释。图 3-3（c）展示了消费者福利 cw（i）如何随着 i 的变化而变化，该图表明当 i 接近 0 或者 η 时，消费者在情形 C 中的社会福利最高。这是因为企业对新消费者的竞争很激烈。而从终端收费的角度来看，消费者对加入哪个网络几乎无差异，因为此时只有很少的网间通话（$i \approx \eta$），或者对手的网络接入费接近边际成本（$i \approx 0$）。尽管如此，长期来看，i 接近 0 或者 η 的状态出现的概率非常低。

图 3-3（d）展示了企业 i 的值函数 v（i），可以看出，当 i 的取值较小时，企业 i 在情形 C 中的价值高于其在情形 A 中的价值。需要指出的是，v（0）在情形 C 中比在情形 A 中更低，虽然两者的差别很小，在图中几乎注意不到，但其背后的逻辑应该很

清晰。从短期二级市场利润的角度看，情形 A 和情形 C 没有太大区别：一个小型网络并不在意高的接入费，因为需要它帮助连接的通话很少。然而，情形 C 有一个直接的负面影响：如在图 3-3（a）中，情形 C 会提高两个企业对新消费者的竞争程度。因此，$v(0)$ 在情形 C 中比在情形 A 中更低。除了情形 C，在 $i=0$ 时，企业在情形 B 中的价值低于其在情形 A 中的价值。

（四）政策影响：保护新进入者

以上动态模型的一个突出特点是，接入费溢价会降低网络规模为 0 的企业的价值。无论终端收费是否对称，这一点都成立。本章在对称情况下的结论与很多静态模型的结论一致，如 Calzada 和 Valletti（2008）以及 Hoering（2007）设定的模型。Peitz（2005）提出了一个网络竞争的静态模型，结果表明，如果监管机构为接入小型网络设定更高的价格（非对称的终端收费监管），那么小型网络的利润将会提高。本章模型的结论与该结论一致，即小型网络从二级市场中得到的利润在非对称监管下更高。然而，不同于静态模型的结论，由于对新消费者的竞争加剧，在考虑企业在一级市场中的利润后，本章发现小型网络的价值在非对称监管下更低。

关于非对称终端接入收费监管优点的讨论并非只有纯粹的学术意义。例如，以下内容引自 ERG（欧盟监管集团）发表的共同立场：

在某些情况下，非对称的移动终端接入费率可能是合理的。

例如，……鼓励市场中新进入者规模的增长，它们由于进入市场较晚而规模较小（European Regulators Group，2008）。

电信运营商 Vodafone 在为 ERG 提供咨询时提及非对称终端收费监管，并表示：

> 对"后进入者"的非对称移动终端接入费率完全是主观且无理由的。更糟糕的是，它们会阻碍后进入者的发展（Vodafone，2008）。

本章分析表明，不同于 ERG 所宣称的，非对称监管不一定会增加小型运营商的短期利润或提升其竞争地位（除非将后者解释为市场份额的快速增长）。此外，虽然本章分析与 Vodafone（2008）的观点一致，即非对称监管未必能扶助小型通信运营商，但原因完全不同：本章的结论认为小型运营商进入后的价值较低，但一旦进入后其发展速度较快，这是因为小型运营商从提高市场份额中获得的收益很大。

（五）总结

学术界已有大量的文献讨论和解决无线网络竞争和终端收费监管问题①，然而目前很多模型都是静态的。本节提出的模型除了阐释本章的基本框架外，还从几个方面对现有文献做出了贡

---

① 有关调查参见 Harbord 和 Pagnozzi（2008）的研究。

献。首先，本章的分析表明，除了不同监管模式的静态福利效应外，还应考虑到动态市场份额效应。具体而言，终端接入收费越高，资费导致的网络效应带来的市场份额越分散，这可能是一个双峰的长期稳定状态分布。其次，允许小型网络收取更高的终端费用，这虽然提高了其在二级市场上的短期利润，但实际上大型在位者制定的更为激进的定价策略可能导致小型网络企业价值下降。

参考文献

［1］Athey, S., Schmutzler, A., "Investment and Market Dominance", *RAND Journal of Economics*, 2001, 32, pp. 1–26.

［2］Bagnoli, M., Bergstrom, T., "Log Concave Probability and Its Applications", *Economic Theory*, 2005, 26, pp. 445–469.

［3］Cabral, L., "Dynamic Price Competition with Network Effects", *The Review of Economic Studies*, 2011, 78, pp. 83–111.

［4］Cabral, L., Riordan, M. H., "The Learning Curve, Market Dominance and Predatory Pricing", *Econometrica*, 1994, 62, pp. 1115–1140.

［5］Cabral, L. M. B., Villas-Boas, J. M., "Bertrand Supertraps", *Management Science*, 2005, 51, pp. 599–613.

［6］Calzada, J., Valletti, T., "Network Competition and Entry Deterrence", *Economics Journal*, 2008, 118, pp. 1223–1244.

［7］Caplin, A., Nalebuff, B., "Aggregation and Imperfect Competition: On the Existence of Equilibrium", *Econometrica*, 1991, 59, pp. 25–59.

［8］European Regulators Group, "ERG's Common Position on Symmetry of Fixed Call Termination Rates and Symmetry of Mobile Call Termination Rates", CP Adopted by the ERG-Plenary on 28th February 2008, 2008.

［9］Harbord, D., Pagnozzi, M., "On-Net/Off-Net Price Discrimination and

'Bill-and-Keep' vs. 'Cost-Based' Regulation of Mobile Termination Rates", MPRA Paper, No. 14540, University Library of Munich, Germany, 2008.

[10] Hoering, S., "On – Net and Off – Net Pricing on Asymmetric Telecommunications Networks", *Information Economics and Policy*, 2007, 19, pp. 171-188.

[11] Laffont, J. J., Rey, P., Tirole, J., "Network Competition: I. Overview and Nondiscriminatory Pricing", *RAND Journal of Economics*, 1998a, 29, pp. 1-37.

[12] Laffont, J. J., Rey, P., Tirole, J., "Network Competition: II. Price Discrimination", *RAND Journal of Economics*, 1998b, 29, pp. 38-56.

[13] Peitz, M., "Asymmetric Regulation of Access and Price Discrimination in Telecommunications", *Journal of Regulatory Economics*, 2005, 28, pp. 327-343.

[14] Vodafone, "ERG Public Consultation on a Draft Common Position on Symmetry of Mobile/Fixed Call Termination Rates", 2008.

第四章　多网络企业定价的实证回归分析

　　第一章介绍了通信运营商（即电信公司）属于多网络企业，这是由两个条件决定的。第一，每一个智能手机操作系统都有一个网络。手机操作系统既有直接网络效应，也有间接网络效应。在直接网络效应中，每个操作系统的网络由使用该操作系统的手机消费者组成。在间接网络效应中，每个操作系统是一个双边市场，市场的一侧是使用该操作系统的手机消费者，另一侧是为该操作系统开发手机应用程序的开发商。第二，每一家运营商同时销售多个操作系统网络上的智能手机。因此，运营商属于多网络企业。

　　本章将运用数据来分析操作系统的网络效应对运营商对手机定价以及消费者对智能手机需求的影响，数据样本为2011年8月至2013年9月美国四大通信运营商的月度销售数据。采用的具体分析方法为回归模型分析，在回归分析中，由于操作系统的网络规模受到需求的影响，因此网络规模具有内生性，本书将采用工具变量法（Instrumental Variable，IV）来解决这个内生性问题。

一 美国移动通信行业概况

（一）通信运营商的发展过程

1877 年，电话发明人贝尔创建了美国贝尔电话公司。1895 年，美国贝尔电话公司将其正在开发的美国全国范围的长途业务项目分割，成立了一家独立的公司，称为美国电话电报公司（AT&T）。1899 年，AT&T 反向收购美国贝尔电话公司。20 世纪 20 年代是通信工业发展的初期，AT&T 与许多国家共同建厂，并签订了许多授权许可协议。后来，由于美国国内对通信业务的巨大需求，AT&T 被迫放弃在欧洲、南美洲和日本的制造设施，集中力量以满足本国通信业的迅猛发展。1925 年，AT&T 收购了西方电子（Western Electric）公司的研究部门，并在此基础上成立了贝尔实验室。

1984 年，美国司法部依据《反托拉斯法》将 AT&T 拆分为新 AT&T 公司（专营长途电话业务）和 7 个本地电话公司（即"贝尔七兄弟"），美国电信业从此进入了竞争时代。1996 年，美国颁布新的《电信法》，在开放地方电话市场的同时，允许地方电话公司进入长途和电视传送领域。于是，几家地区贝尔公司趁机向长途和有线电缆业务渗透，公司业务得到了快速发展，公司规模也进一步扩大。最终美国电信市场形成了寡头格局：Verizon、AT&T 稳居行业前两位，Sprint 和 T-Mobile 紧随其后。

在之后十几年的时间里，几大运营商之间曾有数次兼并动向，但由于美国司法部的干涉均未成功。2020 年，T-Mobile 成功收购

Sprint，四大运营商的竞争格局宣告重组，三足鼎立的时代来临。

Verizon 是美国第一大本地电话和无线通信公司，也是世界上最大的印刷和在线黄页信息提供商。Verizon 的前身是大西洋贝尔，1997 年与另一家贝尔公司 NYNEX 合并，2000 年收购当时美国最大的本地电话交换公司 GTE 并改名，一举成为美国最大的本地电话和无线通信公司。1999 年，大西洋贝尔与沃达丰 AirTouch 合作创建了 Verizon 无线；2012 年，Verizon 推出移动视频服务；2015 年，Verizon 宣布试用 5G 网络；2021 年，Verizon 宣布与亚马逊公司展开合作，利用后者即将推出的卫星互联网系统扩大其在美国农村地区的宽带服务。

AT&T 是美国第二大移动运营商，由创建于 1877 年的美国贝尔电话公司数次拆分与合并而成，曾占据市场垄断地位，却由于后期的激进策略而被迫重组，一度摇摇欲坠。2005 年，西南贝尔收购并继承了 AT&T 的名称。2001 年，AT&T 推出了 AT&T 宽带和 AT&T 无线业务，后者成为一家独立公司；2006 年，AT&T 收购南方贝尔并得到了当时美国最大的无线运营商 Cingular；2007 年，AT&T 开始拓展光纤电视服务；2015 年，AT&T 收购了美国最大的卫星电视运营商 DirecTV；2018 年，AT&T 收购了美国电视传媒巨头时代华纳。

Sprint 曾是美国第三大移动电信公司，其前身是创立于 1889 年的布朗公司，经数次扩张和改名，于 1992 年更名为 Sprint，1993 年与 Centel Corporation 合并，成为美国主要的通信公司。1991 年，United Telecom 开创了第一个全国性的光纤网络；1994 年，Sprint 投资建立了为个人无线通信服务的全国性网络；1998

年，Sprint 宣布发起一体化的宽频网络服务；2005 年，Sprint 收购当时美国第五大移动运营商 Nextel 并更名为 Sprint Nextel；2020年，由于债务缠身，Sprint 接受 T-Mobile 合并。

T-Mobile 是美国电信行业的第三大巨头，为德国电信在美国的子公司。T-Mobile 的前身是 VoiceStream，2001 年被德国电信收购并更名为 T-Mobile。T-Mobile 是继 Verizon 无线后成长最快的电信公司，平均每季度增长 100 万用户。2011 年，AT&T 收购T-Mobile失败；2014 年，软银集团希望收购 T-Mobile 并与其旗下的 Sprint 进行整合，此举也未成功；2020 年，T-Mobile 成功合并了 Sprint，客户数一跃超过 Verizon，仅次于 AT&T。2022 年 11月，T-Mobile 正式推出"独立 Ultra Capacity 5G"网络服务，在5G 的建设规模和步伐方面领先于其他两家运营商。

（二）智能手机操作系统的发展过程与现状

1996~2005 年，手机系统迈入新时代。1996 年，微软公司发布 Windows CE 操作系统，专门用于小型设备或嵌入式系统。1999 年 3月，塞班公司推出了全球第一款手机操作系统塞班 5.0。2001 年 6月，塞班公司发布了 Symbian S60 操作系统。2003 年，微软公司发布了 WM 的第一个版本：Windows Mobile 2003。2003 ~ 2004 年，Windows Mobile 2003 手机操作系统已搭载集成蓝牙、IE 浏览器，并且支持横屏与竖屏之间的切换。2005 年，Google 收购 Android，随后以 Apache 开源许可证的授权方式发布了 Android 的源代码；同年，黑莓操作系统 BlackBerry OS 4.1 正式发布。

2007~2010 年，手机操作系统进入激烈竞争阶段。在此期间，iOS、Android、Samsung Bada 正式加入手机操作系统竞争行列。2007 年 6 月，苹果公司发布第一版手机操作系统，名称为"iPhone 运行 OS X"。2010 年 6~12 月，苹果公司宣布将 iPhone OS 更名为 iOS，并从思科获得"iOS"商标拥有权，其操作系统已占据全球智能手机操作系统 26% 的市场份额。2017 年 1~9 月，iOS11 系统加入 AR 功能，iOS 的应用商城 App Store 已提供 220 万个应用程序，下载总量超过 1300 亿次。Windows Mobile、黑莓 OS、Symbian 都已陆续更新系统相关服务应用。在此期间，Symbian OS 与 iOS 为抢占市场份额相互竞争，而忽略了 Android 系统以惊人的速度逐步发展壮大。

2011~2018 年，手机操作系统进入白热化阶段。在此期间，Android 操作系统快速崛起，已经占领全球手机操作系统 70% 的市场份额，iOS 操作系统的市场份额达 22%，Windows Phone 操作系统的市场份额仅为 1%，黑莓 OS、Symbian OS 逐渐淡出智能手机操作系统竞争行列。Android 操作系统的快速发展与其开源性的系统开发方式息息相关，这提高了其系统在市场中的普及率。2011 年 7 月，每日 Android 设备新用户购买数量达 55 万部；同年 9 月，Android 操作系统相关应用达到 48 万个，其系统占据智能手机市场的份额达 43%，成为全球使用最多的智能手机系统。2017 年 3 月，Android 全球网络流量和设备数量超越 Microsoft Windows，成为全球第一大操作系统。

2019~2021 年，华为手机操作系统鸿蒙 OS 加入竞争队列。

2019 年，Windows10 Mobile 宣布停止更新。

2012~2022 年，iOS 和 Android 操作系统占据绝对主流，且越来越多地抢占了 BlackBerry 和 Windows Phone 操作系统的市场。其中，iOS 操作系统的市场份额以 40.4% 为平均水平上下震荡，震荡幅度最高为 12.6 个百分点；Android 操作系统的市场份额以 57.1% 为平均水平，与前者保持反向震荡，震荡幅度最高为 14.8 个百分点。Android 操作系统市场份额的优势在 2014~2020 年最为显著，但不足以称其占主导地位。整体市场接近双寡头特征。2012 年 1 月至 2022 年 7 月四大手机操作系统在美国的市场份额见图 4-1。

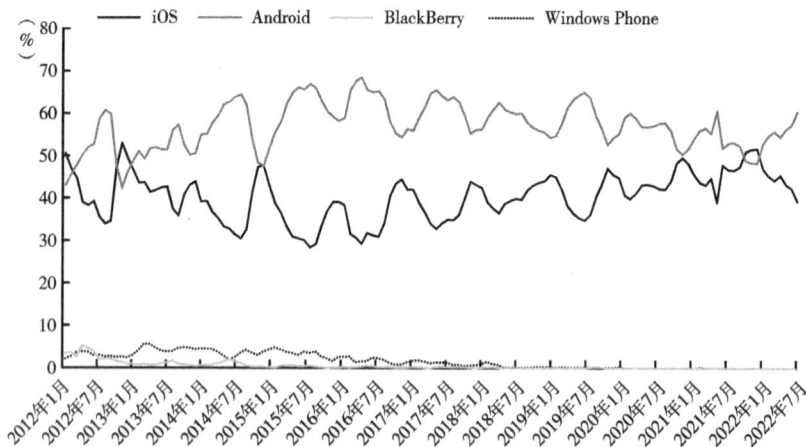

图 4-1　2012 年 1 月至 2022 年 7 月四大手机操作系统在美国的市场份额

二　数据介绍

消费者在选购智能手机时既考虑机型（操作系统及手机参数）

也考虑服务提供商（电信公司或者通信运营商）。2011～2013 年,美国的四大电信公司是 Verizon Wireless、AT&T Mobility、Sprint Corporation 和 T-Mobile。根据凯度（Kantar World Panel）公开数据,这四家公司在样本期间的平均智能手机销售份额加总为 88.72%。在此期间,四个较大的智能手机操作系统是 iOS、Android、BlackBerry 和 Windows Phone。这四大操作系统总的市场份额从 2011 年的 94%上升到 2014 年的 99%。与此同时,每家电信公司都销售多种操作系统的智能手机,因此这些电信公司都是多网络企业。①

在此样本期间,这四大电信公司都采用了两年合约的模式出售智能手机。若消费者与电信公司签订为期两年的电信服务合同,则购买手机可享受较大折扣。例如,苹果 5 手机的零售价为 649 美元,但消费者如果与一家电信公司签订两年电信服务使用合同,则只需以 199 美元购买苹果 5 手机②;如果消费者不与电信公司签订合同,那么消费者需要为该手机支付 649 美元。

一旦签订了合同,消费者需要每月向电信公司支付无线通信服务费。如果消费者提前终止服务合同,则需要向电信公司支付违约金,违约金的数额与合同已执行时间长短有关,违约金的范围为 150～350 美元。根据《美国无线行业概览》（US Wireless Industry Overview）,在样本期间,78%以上的移动手机用户签订了两年合同。这个比例是非智能手机和智能手机用户的综合比例,如果只考虑智能手机行业中签订两年合同的消费者比例,则要比

---

① AT&T 曾是 iOS 操作系统的独家销售商,Verizon、Sprint 和 T-Mobile 分别于 2011 年 1 月、2011 年 10 月和 2013 年 4 月获得准入。

② 电信公司为消费者购买手机提供折扣的主要目的是在两年的电信服务中赚取利润。

78%更高，因为智能手机的价格通常比非智能手机高很多，智能手机消费者更可能签订服务合同。因此，本章只分析多网络通信运营商对两年合约下智能手机的定价策略，以及网络规模对两年合约下智能手机需求的影响。

本章所使用的数据来源如下。第一，网站 comScore.com 上公布了每个操作系统在美国的月度累计市场份额，以及智能手机月度累计用户数，数据时间为 2011 年 8 月至 2013 年 9 月。将这两个月度数据相乘可以得到每个操作系统的手机月度累计用户数。通过对每个操作系统相邻两个月的累计用户数进行差分，可以得到每个操作系统在每个月的智能手机新用户数和当月销售额。[①] 基于月度销售额数据，沿用 Gowrisankaran 和 Ryman（2012）的方法剔除销售额数据的季节效应。

第二，各电信公司智能手机月度市场份额数据来自数据公司 Kantar World Panel[②]，该公司公布的市场份额数据都是基于过去 3 个月的销售情况而计算的。例如，该网站公布的 2012 年 1 月的市场份额数据是根据包含 2012 年 1 月在内的过去 3 个月的销售数据计算得出的。数据显示，四大电信公司总的市场份额从 2011 年 10 月的 91.5%下降到 2013 年 9 月的 85.5%。根据智能手机的月度销售额和各电信公司的市场份额，可以计算出各电信公司的月度销售额。

为了计算出每个月从这四大电信公司购买智能手机的消费者数量，从而得到离散选择模型中外部选项（外部选项意味着不购

---

① 在本章中，将现有刚刚结束两年合同的用户作为新的潜在用户。
② 数据来源的网址为 http://www.kantarworldpanel.com/global/News。

买智能手机或从其他电信公司购买）的市场份额，本章对市场规模进行假设，假定美国 12~70 岁群体都是潜在购买者，用潜在购买者的数量减去已经拥有智能手机的人口数量，就得到了每个月进入智能手机市场的消费者总数。[①] 然后，用各电信公司的月度销售额和选择外部选项消费者的数量除以月度市场规模，可以得到各电信公司和外部选项的月度市场份额。在样本期间，外部选项的月度平均市场份额为 79.34%。

第三，AT&T 和 Verizon 操作系统的月度市场份额数据同样来自 Kantar World Panel，也是基于过去 3 个月的销售情况计算得出的。在 AT&T 公司内部，iOS、Android、BlackBerry 和 Windows Phone 四大操作系统占 AT&T 总销量的平均份额分别为 63%、30%、3% 和 4%；在 Verizon 公司内部，四大操作系统占 Verizon 总销量的平均份额分别为 46%、50%、1% 和 2%。用各操作系统的销售额乘以公司的月度市场份额，可以得到各"运营商-操作系统"组合的月度市场份额。[②] 经过以上一系列处理，可以得到 2011 年 10 月至 2013 年 9 月共 24 个月的 16 个"运营商-操作系统"组合的月度市场份额数据。[③] 观测值维度是"运营商-操作系统-月度"，共 384 个。

第四，电信公司月度手机合同价格、制造商手机零售价格和电信公司月度服务价格数据来自 web archive 网站，该网站每月对各公司的网页信息进行快照并存档[④]，本章在历史快照中收集了

---

① 根据美国 2010 年的数据，12~70 岁人口占 75%。
② 由于 Sprint 和 T-Mobile 公司内各操作系统的市场份额数据不可得，本章假设这两家公司操作系统的销售额比例等于各操作系统机型数量的比例。
③ 对于每个月，市场份额为过去 3 个月的平均市场份额。
④ 数据来源的网址为 http：//archive.org/web/。

所有手机的历史合约价格、电信公司的数据流量和通话时长的套餐价格。由于各电信公司所推出套餐中的数据流量和通话时长不同，本章取所有电信公司数据流量和通话时长的中间值作为所有消费者选择的套餐。[①] 数据显示，Verizon 的电信服务价格最高，T-Mobile 的电信服务价格最低。各电信公司的数据流量和通话时长套餐的平均价格为每月 60 美元。[②]

智能手机的特征数据来自美国手机资讯网站 phonearena.com[③]，手机特征参数包括镜头像素、存储容量、手机重量、屏幕尺寸、屏幕分辨率、处理器速度、内存和电池容量。为了让手机价格和手机参数数据与市场份额的统计频率一致，本章对各"运营商-操作系统"组合下的所有手机款式进行平均，使得手机价格和参数数据也属于"运营商-操作系统-月度"层面。

在样本期间内，智能手机的产品特性有很大的提升。例如，平均镜头像素从 5.30 百万像素提高到 7.37 百万像素；平均屏幕分辨率从每平方英寸 2.55 百万像素提高到每平方英寸 3.07 百万像素；平均处理器速度从 1.09GHz 提高到 2.92GHz。因此，智能手机的性能在样本期间有显著的提升，这意味着，由于实证分析中无法收集所有产品特性，因此在控制住已收集的产品特性之后，还需要考虑线性时间趋势的影响。

第五，考虑到不同收入层次的消费者对价格的敏感程度存在

---

① 本章选取的价格对应各家公司如下通话时长和数据流量标准：Verizon（无限时长、2GB），AT&T（450 分钟、300MB），Sprint（无限时长、1GB），T-Mobile（无限时长、无限流量）。

② 这一数值与 2013 年 NSR 公司报告的平均 61 美元相匹配。

③ 数据来源的网址为 http://www.phonearena.com/。

异质性，本章根据当代人口调查（Current Population Survey，CPS）获取家庭收入分布的年度数据。平均家庭收入从 2011 年的 69677 美元增加至 2013 年的 72641 美元，标准差从 368 美元增加至 499 美元。

表 4-1 展示了真实数据中各变量的描述性统计。第（1）列和第（2）列为各"运营商-操作系统"组合的平均手机合同价格和制造商零售价格。可以看出，iOS 操作系统的手机价格最高，Windows Phone 操作系统的手机价格最低。第（3）至第（5）列为各"运营商-操作系统"组合的平均产品特征，不同操作系统呈现的产品特征差异较大，iOS 操作系统的手机镜头像素和屏幕分辨率最高，Android 操作系统的手机处理器速度最快。第（6）列为平均月度市场份额。AT&T-iOS 的平均月度市场份额最高，为 20.31%；Verizon-Android 和 Verizon-iOS 的平均月度市场份额接近；AT&T-Android 的平均月度市场份额只有 AT&T-iOS 的不到一半。Verizon、AT&T、Sprint 和 T-Mobile 四大运营商的平均月度市场份额分别为 39%、32%、16% 和 13%；iOS、Android、BlackBerry 和 Windows Phone 四大操作系统的平均月度市场份额分别为 42%、52%、2% 和 4%。

表 4-1　"运营商-操作系统"组合的描述性统计（平均值）

运营商-操作系统	（1）平均手机合同价格（100 美元）	（2）制造商零售价格（100 美元）	（3）镜头像素（百万像素）	（4）屏幕分辨率（百万像素/英寸^2）	（5）处理器速度（GHz）	（6）平均月度市场份额（%）
Verizon-iOS	2.26	6.73	7.24	3.29	1.74	18.17
Verizon-Android	1.21	5.08	6.84	2.68	2.57	19.24

续表

运营商-操作系统	（1）平均手机合同价格（100美元）	（2）制造商零售价格（100美元）	（3）镜头像素（百万像素）	（4）屏幕分辨率(百万像素/英寸²)	（5）处理器速度（GHz）	（6）平均月度市场份额（%）
Verizon-BlackBerry	1.44	4.63	5.00	2.58	1.33	0.37
Verizon-Windows Phone	1.05	4.33	5.65	2.44	1.60	0.97
AT&T-iOS	1.98	6.48	6.83	3.12	1.67	20.31
AT&T-Android	0.98	4.68	7.02	2.96	2.98	9.51
AT&T-BlackBerry	0.88	4.51	5.23	2.58	1.22	0.88
AT&T-Windows Phone	0.76	4.39	5.92	2.43	1.80	1.39
Sprint-iOS	2.10	6.73	7.35	3.29	1.76	2.82
Sprint-Android	0.91	4.42	5.78	2.44	2.02	12.70
Sprint-BlackBerry	1.26	4.47	5.03	2.74	1.07	0.51
Sprint-Windows Phone	0.76	4.41	5.17	2.67	1.54	0.42
T-Mobile-iOS	2.10	6.94	7.97	3.26	2.57	0.85
T-Mobile-Android	0.64	4.06	6.97	2.41	2.58	10.46
T-Mobile-BlackBerry	1.18	4.46	5.15	2.59	1.16	0.51
T-Mobile-Windows Phone	0.46	3.54	5.63	2.48	1.91	0.89

注：表中市场份额计算公式的分母为四大运营商的总销量。

图4-2（a）展示了四大操作系统2011年8月至2013年10月的月度累计用户数。从图中可以看出两个明显的现象，即智能手机的总市场渗透率和操作系统的集中化程度在此期间均快速提升。其中，iOS和Android的月度累计用户数迅速增长，增加了1倍以上；

BlackBerry 的月度累计用户数减少近 2/3；Windows Phone 的月度累计用户数则比较稳定。图 4-2（b）展示了四大操作系统在同一时期的月度累计应用数。从图中可以看出，iOS 和 Android 的月度累计应用数显著多于另外两个操作系统，这与图 4-2（a）所反映的月度累计用户数的增长趋势一致。在此期间，操作系统层面的月度累计用户数和月度累计应用数的相关系数高达 0.92。

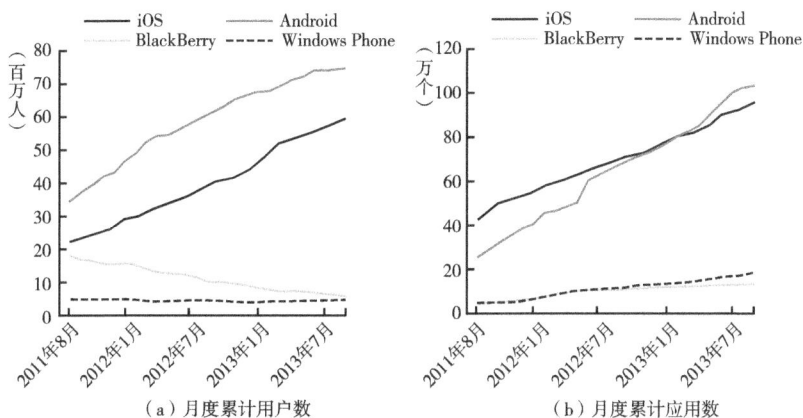

图 4-2　四大操作系统月度累计用户数和月度累计应用数

三　操作系统网络规模的影响

（一）操作系统网络规模对消费者需求的影响

智能手机操作系统同时存在直接网络效应和间接网络效应。直接网络效应的产生是由于消费者与家人、朋友选用同一操作系统，如降低使用新手机的学习成本、便于彼此传送文件和照片、可以分享手机应用和付费音乐等。间接网络效应的产生则是由于操作系统连接了手机用户和应用开发者双方，充当了一个平台的角色。开发者偏好在用户数量较大的操作系统上发布新应用，而用户也乐于选用有更多手机应用的操作系统。Bresnahan 等（2014）提供了该间接网络效应的证据，提出智能手机操作系统层面存在间接网络效应的正反馈循环。

因此，操作系统层面的网络效应是存在的。本章将不区分这两种网络效应各自的影响，而是考虑它们的综合影响，分析其对手机市场份额和运营商手机价格的影响。

本节用回归分析方法定量研究操作系统网络规模对消费者智能手机需求的影响。被解释变量为"运营商-操作系统"组合中月度市场份额的自然对数（$\ln share_{sct}$），其中 s 代表操作系统，c 代表运营商，t 代表月度。主要解释变量为操作系统网络规模（$OSsize_{st-1}$），采用滞后一期的操作系统累计手机用户数表示。这里取滞后一期的原因是，在第 t 期期初，消费者进入市场所观测到的操作系统的市场规模为上一期结束时的累计数量，这与第二章中的理论模型一致。其他解释变量包括运营商的两年合约手机价格（p_{sct}）、手机特征参数（$characteristics_{sct}$）、操作系统在样本期间的更新次数（v_{st}）、操作系统层面的线性时间趋势（$d_s \times t$）和运营商层面的线性时间趋势（$d_c \times t$）。回归方程为：

$$\ln share_{sct} = \beta_0 + \beta_1 OSsize_{st-1} + \beta_2 p_{sct} + \beta_3 characteristics_{sct} \\ + \beta_4 v_{st} + \beta_{5s} d_s \times t + \beta_{6s} d_c \times t + \varepsilon_{sct} \tag{4-1}$$

其中，ε_{sct} 为影响月度市场份额的不可观测的需求冲击，如运营商和手机制造商在当期的广告宣传力度。

以上回归方程具有内生性问题，导致内生性的原因有两个。第一，运营商的两年合约手机价格（p_{sct}）可能与未观测到的质量因素正相关，因为电信公司制定价格时必定考虑了这些需求冲击，如每当苹果公司发布新款手机时，运营商和苹果公司都会对新手机进行大量的广告宣传，而同时新款手机也有较高的两年合约价格，这就导致 p_{sct} 和 ε_{sct} 之间存在正相关性。针对 p_{sct} 的内生性问题，本章采用 Berry 等（1995）所使用的工具变量，即同时期其他"运营商-操作系统"组合的平均手机价格。

第二，如果不可观测的需求冲击 ε_{sct} 是序列相关的，即 ε_{sct} 与 ε_{sct-1} 相关，那么操作系统网络规模（$OSsize_{st-1}$）也可能具有内生性。这是因为 ε_{sct-1} 直接影响第 $t-1$ 期中消费者对"运营商-操作系统"层面手机的需求，因此 ε_{sct-1} 与 $OSsize_{st-1}$ 正相关。而如果 ε_{sct} 与 ε_{sct-1} 序列相关，那么 ε_{sct} 与 $OSsize_{st-1}$ 正相关。

为解决 $OSsize_{st-1}$ 的内生性问题，本章选用每个操作系统的月度累计应用数作为工具变量。因为开发一款手机应用的时间需要数月，可以假设当期的月度累计应用数与 ε_{sct} 无关，而同时月度累计应用数又与操作系统的月度累计用户数高度相关。因此，每个操作系统的月度累计应用数是 $OSsize_{st-1}$ 的有效工具变量。此外，通过将内生变量回归到工具变量及式（4-1）中的所有其他控制变量，可以发现以上价格和网络规模的工具变量都通过了弱工具变量检验。

表4-2展示了式（4-1）的估计结果。第（1）列和第（2）列为普通最小二乘（OLS）回归结果，这两列的区别在于，第（2）列的回归中加入了运营商层面和操作系统层面的线性时间趋势变量。第

（3）列中使用以上工具变量来解决手机价格的内生性问题，第（4）列中使用工具变量来解决手机价格和网络规模两个变量的内生性问题，第（5）列中加入了"系统-年份"固定效应。在表4-2所有列的结果中，操作系统网络规模（$OSsize_{st-1}$）的系数都显著为正，这表明操作系统的总使用人数对手机销量具有正网络效应。除了第（1）列之外，两年合约手机价格（p_{sct}）的系数均显著为负，这表明手机价格越高，销量越低。此外，两个线性时间趋势的影响也是显著的。

表 4-2 "运营商-操作系统"层面市场份额对
操作系统网络规模的回归结果

变量	(1)	(2)	(3)	(4)	(5)
	lnshare	lnshare	lnshare	lnshare	lnshare
	OLS	OLS	IV	IV	IV
$OSsize_{st-1}$	0.073 ***	0.099 ***	0.122 ***	0.336 ***	0.126 ***
	(0.011)	(0.015)	(0.031)	(0.051)	(0.024)
p_{sct}	−0.000	−0.005 ***	−0.062 ***	−0.044 ***	−0.019 ***
	(0.002)	(0.002)	(0.020)	(0.016)	(0.006)
$characteristics_{sct}$	yes	yes	yes	yes	yes
运营商层面的线性时间趋势	no	yes	yes	yes	yes
操作系统层面的线性时间趋势	no	yes	yes	yes	no
"操作系统-年份"层面的固定效应	no	no	no	no	yes
观测值	355	355	355	355	355
R^2	0.742	0.783	0.134	0.345	0.786

注：①括号内为稳健标准误，*** 、** 、* 分别表示在1%、5%、10%的水平下显著。②本回归使用了2011年8月至2013年10月"运营商-操作系统"层面的市场份额数据。回归中控制了"运营商-操作系统-月度"层面的手机特征参数、操作系统在样本期间的更新次数、运营商层面的线性时间趋势、操作系统层面的线性时间趋势，以及"操作系统-年份"层面的固定效应。③由于Sprint在2012年没有销售Windows Phone操作系统的手机，而T-Mobile在2013年才开始销售iPhone，因此样本中只有355个"运营商-操作系统-月度"层面的观测值。

资料来源：Liu & Luo（2022）。

（二） 操作系统网络规模对电信公司手机定价的影响

第二章从理论上分析了网络规模对多网络企业动态定价策略的影响，结果发现多网络企业会在同一时期内对规模不同的网络实行差异化定价，并且大网络的商品价格通常更低。本节使用智能手机行业的数据来验证和定量分析这一影响，由于运营商属于多网络企业，因此运营商对智能手机的定价策略可能符合以上的理论研究结果。本节的研究方法仍为回归分析，将运营商的两年合约手机价格回归到其对应操作系统的使用人数上。具体回归方程为：

$$\ln p_{sct} = \alpha_0 + \alpha_1 OSsize_{st-1} + \alpha_2 p_{sct}^m + \alpha_3 characteristics_{sct}$$
$$+ \alpha_4 v_{st} + \alpha_{5s} d_s + \alpha_{6c} d_c + \mu_{sct} \qquad (4-2)$$

其中，解释变量包括操作系统网络规模（$OSsize_{st-1}$）、手机制造商的零售价格（p_{sct}^m）、操作系统在样本期间的更新次数（v_{st}）、手机特征参数（$characteristics_{sct}$）、操作系统哑变量d_s和电信公司哑变量d_c。μ_{sct}衡量了影响"运营商-操作系统"层面手机价格的不可观测因素，包括需求因素和供给因素。需求因素是指如果"运营商-操作系统"组合（s，c）在第t期的市场需求存在一个正向（负向）外生冲击，那么运营商会相应提高（降低）价格来增加利润；供给因素是指成本冲击，如运营商如果在第t期面临更高的手机进货成本，那么这个成本变化会促使企业提高价格。

在以上回归模型中，如果α_1显著为负，那么就验证了多网络企业动态定价的理论结果，即运营商会为使用人数更多的操作系统选择更低的价格。这样的结果与第三章中的单网络企业定价策略相反，如果运营商为单网络企业，那么拥有更多使用人数的操作系统将会有更高的手机价格。

式（4-2）也存在内生性问题，因为 $OSsize_{st-1}$ 可能与 μ_{sct} 相关。根据 μ_{sct} 的定义，它包括需求冲击和成本冲击，而如果这些冲击与 $OSsize_{st-1}$ 相关，那么就存在内生性问题。例如，拥有较大网络规模的手机制造商可能会进行更多的广告宣传，这时 $OSsize_{st-1}$ 与需求冲击正相关。再如，如果拥有较大网络规模可能会面临更高的成本冲击，因为较大网络规模可能代表了更高的手机质量和生产成本。在这些情形下，$OSsize_{st-1}$ 与 μ_{sct} 相关，这会导致 OLS 回归中式（4-2）中系数 α_1 的估计值是有偏误的。因此，本节也使用工具变量法来解决该内生性问题，$OSsize_{st-1}$ 的工具变量与前文一致，为每个操作系统的月度累计应用数。同样地，通过将内生变量回归到工具变量及式（4-2）中的其他控制变量进行弱工具变量检验，结果显示这一工具变量通过了检验。

回归结果展示在表4-3中。第（1）列是 OLS 回归结果。网络规模的系数为-0.876，并且在 5% 的置信水平下显著。第（3）列是 OLS-IV 回归结果，采用工具变量法来解决 $OSsize_{st-1}$ 的内生性问题，结果显示网络规模的系数为-1.736，并且在 1% 的置信水平下显著。

从以上结果可以看出，第一，网络规模与运营商的两年合约手机价格之间具有负相关性，这验证了第二章中关于多网络企业定价策略的理论研究结果，即运营商作为多网络企业，会对操作系统使用人数更多的手机选择更低的价格。网络规模的系数-1.736意味着，如果两个操作系统的市场份额相差 10 个百分点，那么较大操作系统的手机价格将比较小操作系统的手机价格低 17美元。

表 4-3　运营商的两年合约手机价格对操作系统网络规模的回归结果

变量	(1)	(2)	(3)	(4)
	p_{sct}^{c}			
	OLS	OLS（剔除 iOS 操作系统的所有观测值）	OLS-IV	OLS-IV（剔除 iOS 操作系统的所有观测值）
$OSsize_{st-1}$	-0.876^{**}	-0.974^{*}	-1.736^{***}	-2.419^{***}
	(0.435)	(0.580)	(0.566)	(0.835)
p_{sct}^{m}	0.409^{***}	0.322^{***}	0.406^{***}	0.316^{***}
	(0.060)	(0.071)	(0.058)	(0.069)
观测值	355	277	355	277
R^2	0.829	0.546	0.827	0.535

注：①括号内为稳健标准误，***、**、* 分别表示在 1%、5%、10% 的水平下显著。②本回归使用了 2011 年 8 月至 2013 年 10 月"运营商-操作系统"层面的市场份额和操作系统滞后 1 个月的网络规模数据。③所有回归中均控制了手机特征参数、操作系统在样本期间的更新次数以及操作系统层面的固定效应和运营商层面的固定效应。

资料来源：Liu & Luo（2022）。

第二，第（3）列中网络规模系数的绝对值比第（1）列更大，说明 $OSsize_{st-1}$ 与 μ_{sct} 存在正相关性，这与以上关于 $OSsize_{st-1}$ 内生性的讨论一致。这种正相关性导致第一列中 OLS 的回归系数变小，削弱了 OLS 回归中 $OSsize_{st-1}$ 的负向影响。

由于 iOS 操作系统只安装于苹果手机上，并且苹果公司每年在发布新款手机时就会下调旧款手机的价格，因此第（1）列和第（3）列中网络规模的负向影响可能是苹果公司随着时间的推移下调

手机价格，同时 iOS 操作系统的使用人数逐渐增加导致的。在第
（2）列和第（4）列的回归中剔除了 iOS 操作系统的所有观测值，
然后分别对式（4-2）进行 OLS 和 OLS-IV 回归，结果显示
$OSsize_{st-1}$ 与运营商的两年合约手机价格之间依然存在显著的负相关
关系，这说明网络规模对价格的负向影响不是苹果公司的固有定价
策略导致的。

一个发现是，操作系统网络规模与运营商两年合约手机价格
之间的负相关关系似乎是反直觉的，因为在单网络企业框架下，
具有网络规模优势的公司倾向于在相似公司的动态定价博弈中设
定更高的价格。然而，正如第二章中的理论分析所显示的，通信
运营商同时销售多种不同操作系统的手机，这使得运营商成为多
网络企业，而多网络企业有激励在同一时期内对不同操作系统进
行差异化定价，为大操作系统选择低价格，这能够提高操作系统
网络的市场集中度，从而提高消费者从大操作系统中得到的效用
和对大网络的支付意愿，使得运营商的长期利润增加。

另一个发现是，多网络企业的这种差异化定价策略并未因运
营商之间的竞争而发生变化，即所有运营商都对大操作系统选择
较低价格，而不是不同运营商对不同操作系统选择较低价格。本
节中的数据来源于相互竞争的四大运营商，以上回归分析表明，
所有运营商都对使用人数更多的操作系统选择低价，这与第二章
中的数值分析结果一致。

第一章提到单网络企业与多网络企业的三个不同之处，除了以
上所说的多网络企业有激励对大操作系统选择较低价格之外，还有

两个差异，即多网络企业比单网络企业有更强的市场势力，以及多网络企业之间存在正向溢出效应，这两个差异都会带给多网络企业选择比单网络企业更高价格的激励，从而抵消多网络企业对大网络选择低价的影响。然而，以上回归结果表明，后两个差异不能完全抵消多网络企业的差异化定价激励，这三个效应的净影响是多网络企业会对大网络选择较低价格。

四　网络效应与转换成本

当智能手机消费者转换到不同的操作系统时，需要承受转换操作系统的成本。转换成本包括新操作系统的学习成本、从原操作系统传输手机内已有数据的成本、购买新操作系统上手机应用的成本、原操作系统上不同产品之间互补效用的削减成本（如同一操作系统下智能手机和平板电脑之间存在一定的互补性）等。Klemperer（1987）证明转换成本具有将一个网络的现有消费者锁定在该网络中的作用，从而降低了消费者对该网络上商品的需求弹性。如果这个锁定效应随着网络规模的扩大而增强，那么现有用户对该系统的支付意愿会更高。

转换成本带来的锁定效应可以使企业得到更高的利润。因此，企业有激励通过低价策略来扩大网络规模，从而提高消费者对其他网络的转换成本，增强其网络的锁定效应，最终提高长期利润。在这种激励之下，企业的定价策略也可能会导致表4-3中的结果，即具有网络规模优势的企业选择低价来快速巩固其网络规模优势，提高现有消费者的转换成本。因此，转换成本和网络效应都会促使公司以低价来扩张操作系统规模（Farrell and Klemperer，2007）。

那么，如何判断表4-3中操作系统网络规模对手机价格的负向影响是由网络效应造成的，而不是由转换成本造成的呢？可以用网络效应和转换成本的重要差别来分析和回答这个问题。

网络效应和转换成本的一个重要差别是，转换成本只适用于已有的智能手机用户，但是网络效应适用于所有消费者，包括潜在的新智能手机用户。在本章所使用数据的样本期间，智能手机行业处于发展的初期和中期，市场中的大多数消费者在此期间还未购买过智能手机，因此大部分消费者并不受操作系统转换成本的影响。数据显示，2011年，美国12~70岁的人口中拥有智能手机的人数只占25%，并且这25%的智能手机用户还处于两年合同期间，他们并不是市场上活跃的购买新机的消费者，因此转换成本所适用的消费者数量较小。

如果市场上大多数消费者已经购买过智能手机，是已有用户，那么转换成本就会给这部分消费者带来锁定效应，这会促使电信公司为增强锁定效应而对大操作系统降价。① 而如果市场上的大部分消费者之前从未用过智能手机，如本章数据中所反映的情况，那么转换成本的影响就很微小。因此，可以判断表4-3中操作系统网络规模对手机价格的负向影响不是由转换成本造成的，而是由操作系统的网络效应以及多网络企业的动态定价策略造成的。

---

① 在这种情况下，公司争取现有用户的意愿强烈，对主流系统价格有正向影响。

参考文献

［1］ Berry, S., Levinsohn, J., Pakes, A., "Automobile Prices in Market Equilibrium", *Econometrica*, 1995, 63（3）, pp. 841-890.

［2］ Bresnahan, T., Orsini, J., Yin, P. L., "Platform Choice by Mobile App Developers", Discussion Paper, National Bureau of Economic Research, Cambridge, MA, 2014.

［3］ Cabral, L. M. B., Villas-Boas, J. M., "Bertrand Supertraps", *Management Science*, 2005, 51, pp. 599-613.

［4］ Farrell, J., Klemperer, P., "Coordination and Lock-in: Competition with Switching Costs and Network Effects", *Handbook of Industrial Organization*, 2007, 3, pp. 1967-2072.

［5］ Gowrisankaran, G., Rysman, M., "Dynamics of Consumer Demand for New Durable Goods", *Journal of Political Economy*, 2012, 120（6）, pp. 1173-1219.

［6］ Klemperer, P., "Markets with Consumer Switching Costs", *The Quarterly Journal of Economics*, 1987, 102（2）, pp. 375-394.

［7］ Liu, Y., Luo, R., "Network Effects and Multinetwork Sellers' Dynamic Pricing in the U.S. Smartphone Market", *Management Science*, 2022.

第五章　多网络企业定价的结构模型分析

为了更深入地从模型和数据方面分析网络效应对消费者的智能手机需求以及运营商定价的影响，本章将基于第四章中两年合约下的智能手机市场，构建消费者需求和运营商动态定价博弈的结构模型。在需求模型中，本章采用随机系数离散选择模型，该模型允许消费者之间对手机价格和特征的偏好存在异质性。在模型中，将追踪每个消费者的两年合约随时间推移的状态变化，消费者是否进入市场取决于其合约状态。在供给模型中，四大运营商之间进行有限期动态定价博弈，各自通过选择手机价格来最大化相互竞争情形下的长期利润。

一　消费者需求模型

（一）消费者效用函数

与第四章类似，本章将分析消费者选择智能手机对应的"运营商-操作系统"组合，而不是具体选择某一款手机，因为购买手机时需要选择通信运营商的服务。在第 t 期，消费者所面临的选择集合为 $\Omega_t = \{(s, c, t)\} \cup \{(0, t)\}$，其中 s（$s \in \{1, 2, \cdots, S\}$）表示操作系统，$c$（$c \in \{1, 2, \cdots, C\}$）表示运营商。本章所使用的数据也与第四章一样，选择集合中有 4 个操作系统和 4 个运营商，因此每一期最多有 16 个"运营商-操作系统"组合供消费者选择。在选择集合中，（0，t）表示外部选项，表示不从本章所讨论的 16 个"运营商-操作系统"组合中购买手机。

消费者以两年期合同的形式购买手机，在两年合约下，消费者可以享受运营商对手机的优惠补贴价，但也要在接下来的两年中按月支付运营商的无线服务（通话时长和数据流量）费用。数据表明，由于违约费用较高，消费者在签订两年合约后很少会违约。因此，可以认为消费者购买一个两年合约的手机时，需要考虑的总价格是手机优惠补贴价和两年无线服务价格的总和。

假定消费者 i 在第 t 期购买组合（s，c）的手机的效用为：

$$u_{isct} = x'_{sct} \beta_i - \alpha_i(p^c_{sct} + f_{ct}) + \gamma N_{st} + \eta_s v_{st} + \psi_{sc} + \xi_{sct} + \varepsilon_{isct}$$

$$(5-1)$$

其中，x_{sct} 表示组合（s，c）的手机在第 t 期的产品特征，是 $K \times 1$ 维向量；p^c_{sct} 表示运营商对组合（s，c）在第 t 期两年合约下的手机价格，上标表示运营商价格；f_{ct} 是两年无线通信服务的总价格①；N_{st} 表示第 t 期期初使用操作系统 s 的总消费者人数；v_{st} 表示自样本开始时期至第 t 期，该操作系统的累计更新次数；ψ_{sc} 表

———————

① 与第四章类似，总价格假定为运营商通话时长和数据流量价格的中间值。

示组合 (s, c) 的时间固定效应，即组合 (s, c) 不随时间变化的质量因素；ξ_{sct} 则是其他未观测到的质量因素，这一质量因素的下标中没有 i，表示其对所有消费者的影响一致；ε_{isct} 表示与消费者个体相关的效用冲击扰动项。

未观测到的质量因素 ξ_{sct} 可能是序列相关，可能的原因有两个。第一，ξ_{sct} 捕捉了制造商和运营商广告投入的影响，而广告很可能对消费者需求具有持续和长期的影响。第二，如第四章所述，真实数据中的月度市场份额是基于过去 3 个月的销售数据计算的，这可能导致相邻两个月的市场份额之间有两个重叠月份，致使相邻两个月的市场份额相关。为了控制序列相关性，本章沿用 Lee（2013）的做法，假设 ξ_{sct} 服从一阶自回归过程 ［AR（1）］：

$$\xi_{sct} = \rho^{\xi} \xi_{sct-1} + \nu_{sct}^{\xi} \qquad (5-2)$$

其中，ρ^{ξ} 表示序列相关系数；ν_{sct}^{ξ} 是随机扰动项，其均值为 0。假设不同组合 (s, c, t) 之间的 ν_{sct}^{ξ} 满足独立同分布。

消费者对手机价格和产品特征的偏好具有异质性，因此模型中假定系数 (β_i, α_i) 随消费者个体变化而不同。假设价格的系数与消费者收入有关，文献中通常认为收入越高的消费者对商品的价格需求弹性越小，因此价格对消费者效用的负向影响随着收入的增加而减弱。令 y_{it} 表示消费者 i 在第 t 期的年收入；向量 $v_i = (v_{i1}, \cdots, v_{iK})$ 表示个体 i 对 K 个产品特征的偏好扰动项，且不随时间而变化。将式（5-1）中的系数 (β_i, α_i) 分解为：

$$\begin{pmatrix} \beta_i \\ \alpha_i \end{pmatrix} = \begin{pmatrix} \beta \\ \alpha \end{pmatrix} + \prod y_{it} + \sum v_i$$

其中，β 和 α 为常数；$\prod$ 是参数向量，用以度量收入 y_{it} 对系数 (β_i, α_i) 的影响[①]，若收入越高价格敏感度越低，则 $\prod$ 的最后一个元素为负，即收入对价格系数 α_i 的影响为负。这个等式中收入 y_{it} 可以随着时间而变化，因为消费者收入会随着总体人口收入分布的变化而变化。[②] 假定 v_i 的各元素满足独立同分布，并且都服从标准正态分布；对角矩阵 $\sum$ 用以度量消费者对产品特征偏好扰动项的异质性。

于是效用函数（5-1）可表示为：

$$u_{isct} = \delta_{sct} + \mu_{isct} + \varepsilon_{isct}$$

其中，$\delta_{sct} = x'_{sct}\beta - \alpha\ (p^c_{sct} + f_{ct})\ + \gamma\ N_{st} + \eta_s v_{st} + \psi_{sc} + \xi_{sct}$，而 $\mu_{isct} = [x_{sct};\ (p^c_{sct} + f_{ct})\ ]' \times (\prod y_{it} + \sum v_i)$。$\delta_{sct}$ 是 "运营商-操作系统" 组合 (s, c, t) 不随消费者个体变化而变化的产品综合质量指标，而 μ_{isct} 是消费者之间效用的个体差异，包括收入和差异化偏好的综合影响。

假设外部选项的平均效用为 0，则消费者 i 选择外部选项的效用为 $u_{i0t} = \varepsilon_{i0t}$，下标 0 表示外部选项。这个假设将消费者对购买智能手机的效用进行了标准化，即 u_{isct} 表示的不是消费者得到的绝对效用水平，而是相对于外部选项而言，组合 (s, c, t) 带给消费者 i 的效用增量。

---

① 在估计时，假设收入并不影响消费者对产品特征的偏好，只影响价格系数。因此，$\prod$ 向量除了最后一个元素以外都是 0。

② 因为在本书所用的数据中没有消费者个人的收入数据，只有每年全美收入的分布信息，因此本章用以下方法得到消费者个人的年度收入数据。在样本期间的第一年中，假定消费者收入服从对数正态分布，然后随机抽取消费者的收入水平。其他年份中每个消费者收入的计算方法是，消费者在第 l 年的收入为 $y_{it} = \dfrac{\text{std}\ (y_l)}{\text{std}\ (y_{l-1})}\ [\ y_{il-1} - \text{E}\ (y_{l-1})\ ]\ + \text{E}\ (y_l)$，其中 std (y_l) 和 E (y_l) 分别表示全美收入在第 l 年收入的标准差和期望值。如果两个相邻月份属于不同年份，则应用上式调整消费者收入。

（二）消费者合同状态与潜在消费者分布

在每一期，每个消费者是否进入市场取决于其所处的合同状态。将消费者 i 在第 t 期期初的合同状态表示为 (s_{it}, τ_{it})，其中 s_{it} 表示该消费者在第 $t-1$ 期期末所拥有的智能手机操作系统，而 τ_{it} 表示当前合同在第 $t-1$ 期结束时距离到期的月数。如果消费者在第 t 期期初没有智能手机，则 $s_{it}=0$，$\tau_{it}=0$；如果消费者在第 t 期期初有智能手机，则 $s_{it} \in \{1, 2, \cdots, S\}$，$\tau_{it} \in \{0, 1, 2, \cdots, 23\}$，$\tau_{it}=0$ 意味着该合同在第 $t-1$ 期期末刚刚到期，而 $\tau_{it}>0$ 则意味着消费者 i 在第 t 期期初还有一个未到期的合同，τ_{it} 的最大值是 23。① 所有消费者在第 t 期期初合同状态的分布函数用 $G_t(s, \tau)$ 表示，$G_t(s, \tau)$ 是一个离散分布函数，(s, τ) 的取值为上述所有可能的组合 (s, τ)。

在每一期期初，有两种类型的消费者进入市场：还未购买任何智能手机的消费者和合同刚刚到期的智能手机用户。换句话说，第 t 期的潜在消费者是所有 $\tau_{it}=0$ 的消费者，用 I_t 表示这些潜在消费者的集合以及数量。对于 $\tau_{it}>0$ 的消费者，由于其合同还未到期，依据真实数据中很低的违约率，假定这些消费者不会提前结束当前合同。

消费者的合同状态随着时间的推移而变化，下一期的合同状态取决于其当前状态和在当期的购买决策。首先，对于不进入市场的消费者，即当前合同还未到期的消费者 $(\tau_{it} \geq 1)$，其合同状

---

① 一份合同的时限是两年，所以剩余的月数范围为 0~23。

态从第 t 期的 (s_{it}, τ_{it}) 转换为第 $t+1$ 期的 $(s_{it}, \tau_{it}-1)$。其次，对于进入市场的消费者，其下一期的状态有三种可能：第一，如果消费者在第 t 期购买操作系统为 s 的新手机，则他在第 $t+1$ 期的状态变为 $(s, 23)$；第二，如果消费者在第 t 期期初为非智能手机用户，且在第 t 期也不购买智能手机，则他在第 $t+1$ 期的状态仍为 $(0, 0)$；第三，如果消费者原为智能手机用户并且合同已经到期，但是他在第 t 期不购买新手机，而是继续使用现在的手机，那么他在第 $t+1$ 期的状态为 $(s, 0)$。

值得注意的是，在每一期，消费者的合同状态不仅决定了当期进入市场的消费者的集合，而且决定了这些消费者的收入与对手机特征偏好的分布。假定在第 t 期进入市场的消费者的收入和偏好的联合分布为 $F_t(y, v)$，也就是说，$F_t(y, v)$ 是在第 t 期期初所有合同状态满足 $\tau_{it}=0$ 的消费者的收入和偏好的分布，下标 t 说明这个分布随着时间的推移而变化。

（三）选择概率与销售份额

消费者从选择集合中选择最大化其效用的"运营商－操作系统"组合。假设 ε_{isct} 服从第一类极值分布，且它在 (i, s, c, t) 之间独立同分布。在这种分布假设下，通过以上离散选择效用模型可以推导出组合 (s, c) 带给消费者 i 最大效用的概率[①]，即消费者 i 在第 t 期选择组合 (s, c) 的概率为：

---

① 具体推导过程可以参见 McFadden（1978）和 Train（2009）的文献。

$$s_{isct}(p_t^c, \xi_t) = \frac{\exp(\delta_{sct} + \mu_{isct})}{1 + \sum_{s'c' \in \Omega_t} \exp(\delta_{s'c't} + \mu_{is'c't})} \qquad (5-3)$$

其中，p_t^c是包含所有组合（s，c）的手机运营商合约价格的向量，向量ξ_t包含所有组合（s，c）的未观测到的质量。

由消费者 i 的选择概率可以看出，当组合（s，c）的综合质量δ_{sct}和消费者的个体需求冲击μ_{isct}上升时，消费者选择组合（s，c）的概率会上升。同时，由δ_{sct}的表达式可以看出以下单调关系。第一，当组合（s，c）的价格上升时，δ_{sct}会下降，这将导致消费者选择该组合的概率下降。第二，当组合（s，c）的操作系统网络规模增加时，如果存在正的网络效应（$\gamma > 0$），那么δ_{sct}会上升，这将导致消费者选择该组合的概率上升。因此，操作系统的网络效应会提高消费者购买该操作系统的概率。

用A_{sct}表示所有在第 t 期从组合（s，c）中得到最大效用的消费者，由于消费者是由期收入和异质性偏好（y_{it}，v_i）来刻画的，所以$A_{sct} = \{ (y_{it}, v_i) \in I_t \mid u_{isct}(y_{it}, v_i) \geq u_{is'c't}(y_{it}, v_i)$，$\forall (s', c') \in \Omega_t\}$。属于集合$A_{sct}$的所有消费者选择组合（$s$，$c$）的概率为 1，而不属于该集合的消费者选择组合（$s$，$c$）的概率为 0。通过对以上消费者个人的选择概率$s_{isct}$在集合$A_{sct}$上进行积分，就可以得到所有消费者在第 t 期选择组合（s，c）的加总概率，这一概率就是组合（s，c）在第 t 期的市场份额：

$$\begin{aligned} s_{sct}(p_t^c, \xi_t, F_t) &= \int s_{isct}(p_t^c, \xi_t; y_{it}, v_i)\, \mathrm{d}\, F_t(y_{it}, v_i) \\ &= \int_{A_{sct}} 1 \mathrm{d}\, F_t(y_{it}, v_i) \end{aligned} \qquad (5-4)$$

其中，第一个等号是市场份额的定义，第二个等号是由于集合 A_{sct} 表示所有会选择组合 $(s，c)$ 的消费者的收入和偏好，而不在该集合内的其他消费者则不会在第 t 期购买组合 $(s，c)$。

值得注意的是，本章的模型假定消费者的合同状态 $(s_{it}，\tau_{it})$ 仅影响其是否进入市场，而一旦消费者进入市场后，合同状态并不影响其购买智能手机的概率。如第四章所指出的，如果操作系统之间存在转换成本，那么现有的智能手机消费者在购买新手机时，转换成本和锁定效应会使其更偏好于选择与原来手机为同一个操作系统的新手机。但是由于在样本期间这样的消费者数量较少，因此本章不深入分析转换成本对消费者效用和手机需求的影响。

（四）静态需求模型与动态需求模型对比

在以上的需求模型中，假设消费者对两年合约下智能手机的选择是静态决策，即消费者不会考虑手机在未来的价格变化以及操作系统在未来的使用人数，从而做出跨时期的购买选择。例如，如果消费者预测未来的手机价格会降低，那么他可能推迟购买手机。

假定静态决策有两个原因。首先，当消费者签订两年期合同时，他们预计的手机使用时间通常至少为两年，这意味着消费者一旦购买手机，在两年内一般不会做出新的购买决策。Sinkinson（2016）采用同样的假设，并通过消费者个体层面的真实数据，展示了每个月仅有约 0.1% 的消费者会付费提前终止合同，而且这些消费者大多是因为面临意外事件，如手机损坏或搬迁到新的服务区域而不得不更换新的手机或者无线通信运营商。其次，在下一节将建立运营商之间复杂的动态定价博弈模型，如果需求模型和供给模型同时为动态模型，并且二者相互嵌入并同时决定消费者和运营商的动态需求与定价均衡，那么这个模型将会极度复杂，求解可能性不清晰。[①] 因此，本书将消费者的需求模型假定为静态需求模型，使得将其代入动态定价博弈模型后，该博弈模型存在更高的求解可能性。

然而，使用静态需求模型也存在局限性，静态需求模型忽略了消费者对未来手机价格和操作系统网络规模的预期，这可能导致对网络效应估计的偏误。该偏误的方向取决于静态假设的两个相反的效应。一方面，在动态需求模型中，消费者可能有更强的意愿选择使用人数呈现增长趋势的操作系统，这样就可以尽早在两年合同期内获得网络规模上升带来的较高效用。在这种情况下，静态需求模型会高估网络效应的作用，因为静态需求模型会误将以上由于预期规模增长而带来的消费者对大操作系统的高需求归因于消费者从当前的网络规模中得到很高的效用。另一方面，如果消费者预期手机价格会因为运营商的动态定价策略和更多先进机型的出现而下跌，那么消费者可能推迟购买操作系统具有增长趋势的手机。在这种情况下，静态需求模型会低估网络效

[①] 具体而言，静态需求模型下，每个组合的市场份额关于价格的偏导有显式表达式，而动态需求模型下则没有，因为动态需求模型涉及消费者的未知值函数。在估计模型时，市场份额对价格的导数表达式会进入运营商关于价格的一阶条件，因此存在显式表达式将大大降低通过这些价格的一阶条件求解均衡价格的难度。

应，因为静态需求模型会误将当前消费者预期手机价格下降导致的低需求归因于消费者并不在意网络效应。

Liu 和 Luo（2022）沿用 Chou 等（2019）的方法对智能手机需求建立了动态需求模型①，并用第四章中的数据对模型进行了估计，结果显示手机操作系统的网络效应系数显著为正，但估计系数比本章将要得到的静态需求模型中的网络效应系数要小一些。这说明静态需求模型可能会高估操作系统的网络效应强度。

二　运营商对智能手机动态定价博弈的实证结构模型

本节将建立并分析通信运营商之间的动态手机定价博弈。由于手机价格能够影响操作系统网络规模随时间的变化，进而对运营商利润起到长期影响，所以手机价格具有动态影响。这意味着运营商在选择手机价格时，不会只考虑其在当期的利润，而是会考虑长期利润。由于在 2011~2013 年的数据样本期间智能手机行业处于快速发展时期，即该行业尚未进入稳定发展时期，所以本节将考虑一个有限期的动态博弈模型，而不是无限期博弈模型。

在选择价格时，运营商要考虑多种因素的影响，包括多个操作系统之间的质量差异和网络规模差异、运营商之间的竞争、操作系统网络规模的动态变化，以及进入市场的消费者的收入和偏好分布。本节的定价博弈将把这些影响因素都考虑在结构

① Chou 等（2019）的模型不考虑供给方的定价问题。

模型中，最终目标是刻画出各运营商的均衡价格需要满足的条件。[①]

（一）运营商销售合约手机的单位成本

运营商销售每一部智能手机时需要支付的成本包括支付给手机制造商的手机批发成本、月度无线通信服务成本以及未观测到的成本冲击。因此，假定在第 t 期运营商 c 每卖出一个操作系统为 s 的手机，其付出的单位成本为：

$$k_{sct} = \omega_s \, p_{sct}^m + 24 \, \kappa_{sc} + \lambda_{sct} \qquad (5-5)$$

其中，$\omega_s \in [0, 1]$，$1-\omega_s$ 表示生产该操作系统的手机制造商提供给运营商的批发折扣率，p_{sct}^m 表示手机制造商的零售价格，因此 $\omega_s p_{sct}^m$ 就是支付给手机制造商的成本。例如，$\omega_s = 0.9$ 表示运营商支付的手机批发价格是手机零售价格的 90%，即批发折扣率为 10%。κ_{sc} 表示该 "运营商-操作系统" 组合的月度服务成本，在两年合约期间，总服务成本为 $24 \kappa_{sc}$；λ_{sct} 表示真实数据中未观测到的成本冲击，如运营商的线下经营成本变化、购买手机的成本变化等。

批发折扣率 $1-\omega_s$ 代表运营商与制造商的议价能力，ω_s 上升表示运营商的议价能力变弱。这里将 ω_s 假定为操作系统层面的变量，而不是制造商层面的变量，是因为 iOS 和 BlackBerry 操作系统都拥有独家制造商，这意味着制造商和操作系统是一一对应的；对

---

① 在这么复杂的模型下求解出每个运营商的价格方程的可能性非常小。

于 Android 和 Windows Phone 操作系统，ω_s 表示制造商的平均批发折扣率。月度服务成本 κ_{sc} 具体包括手机的销售成本、维护无线信号的成本以及提供客户售后服务的成本。由于这些服务成本可能存在高度序列相关性，因此与前述未观测到的产品质量类似，这里假设 λ_{sct} 也服从 AR（1）过程：

$$\lambda_{sct} = \rho^{\lambda} \lambda_{sct-1} + \nu_{sct}^{\lambda} \tag{5-6}$$

其中，ρ^{λ} 表示序列相关系数；ν_{sct}^{λ} 为随机扰动项，其均值为 0，假设（s，c，t）组合的 ν_{sct}^{λ} 满足独立同分布。

（二）市场规模与市场份额演变

令 $n_t =$（n_{1t}，$\cdots$，n_{st}）为第 t 期期初各操作系统的累计市场份额，这代表了各操作系统的总使用人数。这些市场份额之和（$\sum_{s=1}^{S} n_{st}$）小于 1，因为并非所有消费者都已经购买智能手机。在每一期，市场上的潜在消费者包括非智能手机用户和 $\tau_{it} = 0$ 的智能手机用户两类。非智能手机用户数量为（$1-\sum_{s=1}^{S} n_{st}$）$M = n_{0t}M$，n_{0t} 表示非智能手机用户的市场份额，M 是可能购买智能手机的总人数，包括进入与不进入市场的所有消费者。$\tau_{it} = 0$ 的智能手机用户数量为 $\sum_{s=1}^{S} q_{st} n_{st} M$，$q_{st}$ 表示第 t 期期初合同状态为（s，0）的智能手机用户的市场份额。n_{0t} 和 q_{st} 的大小均由消费者在第 t 期期初的合同状态分布 G_t（s，τ）决定。

因此，第 t 期进入市场的总消费者数量，即智能手机市场规模为：

$$M_t(G_t) = \left[n_{0t}(G_t) + \sum_s q_{st}(G_t) n_{st} \right] M \tag{5-7}$$

这一表达式意味着期初的n_{st}对市场规模有两个相反的影响。一方面，当n_{st}越大时，n_{0t}越小，即如果已经拥有智能手机的人数越多，那么还未购买智能手机的人数就越少，这会缩小市场规模M_t；另一方面，当n_{st}越大时，会有更多的使用操作系统s并且合约已经到期的消费者重新进入市场，这会扩大市场规模M_t。因此，运营商在选择第t期的手机价格时，还要考虑价格通过影响n_{st+1}而导致的对第$t+1$期的市场规模的影响。

在第$t+1$期期初，每一个操作系统有两类用户，即在上一期使用该操作系统的手机并且没有进入市场的老用户，以及在上一期购买了本操作系统的手机的新用户。因此，n_{st}的演变规则为：

$$n_{st+1}(n_t, p_t^c, F_t, G_t, \xi_t) = [1 - q_{st}(G_t)] n_{st}$$
$$+ \frac{M_t(G_t)}{M} \sum_{c \in \Omega_{st}} s_{sct}(p_t^c, \xi_t, F_t) \qquad (5-8)$$

其中，Ω_{st}是第t期销售操作系统s的所有运营商的集合。等式右边第一项表示第t期使用操作系统s但没有进入市场的老用户份额，第二项表示第t期从任何一个运营商那里购买了操作系统s的智能手机的新用户份额。

（三）运营商的有限期动态定价博弈

由于智能手机行业在样本期间处于快速发展的阶段，新款智能手机层出不穷，手机性能不断提升，智能手机的市场渗透率持续上升，因此这个时期的市场并非处于长期的稳定状态。Yang（2020）的数据表明，各手机生产商所销售的手机机型不断改变，手机质量随之提升，这意味着手机价格会随机型、特征和时间的变化而变化。因此，与Yang（2020）的研究类似，本章假定运营商之间的动态定价博弈是有限期的定价博弈，而不是无限期的动态博弈。

假定在第t期，所有运营商观测到的共同信息集为H_t，它包括每个运营商当前和未来的智能手机机型、产品特征以及不可观测的需求冲击和成本冲击滞后项（ξ_{t-1}，λ_{t-1}）。信息集H_t将作为动态博弈中的一个状态变量。

用$t=1$，2，$\cdots$，T表示时间阶段。博弈时序如下。在第t期期初，运营商观测到所有操作系统的累计市场份额$n_t=$（n_{1t}，$\cdots$，n_{st}）、进入市场的消费者收入和随机偏好的分布F_t（y，v）、所有消费者的合同状态分布G_t（s，τ）以及信息集H_t，这些变量都是博弈中的状态变量。给定这些状态变量，假定每个运营商观测到所有运营商在AR（1）过程中的扰动项（v_{sct}^{ξ}，v_{sct}^{λ}），即运营商对彼此的需求和成本因素拥有完全信息。[①] 给定状态变量和扰动项，所有运营商同时选择所销售的智能手机的合约价格。消费者在观测到手机价格后依据以上需求模型做出购买决策。此后，状态变量在每一期期末进行更新。

用Ω_{ct}表示第t期运营商c销售的智能手机操作系统的集合。运营商c的当期利润为其所有操作系统的销售收入减去成本，用π_c表示，利润的表达式为：

[①]　运营商很可能了解竞争对手在未观测到的质量上的广告投入，也很可能了解对手的成本。

$$\pi_c(p_t^c, n_t; F_t, G_t, H_t) = \sum_{s \in \Omega_{ct}} m_{sct}(H_t) \, s_{sct}(p_t^c; n_t, F_t, H_t) \, M_t(G_t)$$

$$(5-9)$$

其中，$m_{sct}(H_t) = p_{sct}^c + f_{ct} - k_{sct}$ 表示运营商从销售一个组合（s, c, t）的手机中得到的成本溢价。收入和偏好的分布函数 $F_t(y, v)$ 决定了潜在消费者的异质性偏好，从而决定了组合（s, c, t）的市场份额 $s_{sct}(p_t^c; n_t, F_t, H_t)$。消费者的合同状态分布 $G_t(s, \tau)$ 决定了市场规模 M_t。信息集 H_t 由于包含产品特征和未观测到的手机质量信息，因而影响着市场份额 s_{sct}。

在每一期中，运营商选择手机价格来最大化其长期利润。将状态变量记为（n_t, F_t, G_t, H_t），运营商的值函数是其各期期望利润的折现和，这个期望利润是关于质量和成本冲击的 AR（1）过程中扰动项（v_{sct}^ξ, v_{sct}^λ）的平均值，因为在不同的扰动项下，运营商会选择不同的价格，因此会得到不同的利润。在这个有限期的动态博弈中，运营商 c 在第 t（$t<T$）期的贝尔曼方程为：

$$V_c(n_t, F_t, G_t, H_t) = \mathrm{E}_{v^\xi, v^\lambda} \left[\begin{array}{l} \max\limits_{p_{sct}^c, s \in \Omega_{ct}} \{ \pi_c(p_t^c, n_t; F_t, G_t, H_t) \\ + \beta^d \, V_c(n_{t+1}, F_{t+1}, G_{t+1}, H_{t+1} \mid n_t, F_t, G_t, H_t) \} \end{array} \right]$$

$$(5-10)$$

该优化问题的约束条件为式（5-8）中表示的累计市场份额 n_t 的演变规则和式（5-7）中表示的市场规模 M_t。式（5-10）等号右边是运营商的长期利润关于当期所有需求和成本扰动项（v^ξ, v^λ）的期望，在向量（v_t^ξ, v_t^λ）每一个可能的取值下，所有运营商在观测到这些冲击后再做出相应的价格决策，因此价格 p_{sct}^c 会受到

$(\nu_t^\xi,\ \nu_t^\lambda)$ 的值的影响，并且这个价格会影响企业当期的利润和操作系统在下一期的累计市场份额，从而对未来的利润产生影响。

如前文所述，第 $t+1$ 期的分布函数 F_{t+1} 和 G_{t+1} 取决于其在第 t 期的值以及消费者在这一期的决策。向量 p_t^c 包括所有"运营商-操作系统"组合在第 t 期的价格。此外，值函数 V_c 之所以有下标 c，是因为各运营商的智能手机机型、通信服务成本以及服务质量不同，因此其长期利润也各不相同。β^d 是折现系数。①

借鉴 Igami（2017）和 Yang（2020）的方法，假设运营商之间的博弈在第 T 期结束之后还会将第 T 期的博弈重复 $\bar{t}$ 期，在这些时期中，企业的期望利润都等于其在第 T 期的期望利润。因此，运营商 c 在第 T 期的值函数为：

$$V_c(n_T,F_T,G_T,H_T)=\sum_{t=T}^{T+\bar{t}}(\beta^d)^{(t-T)}\,\mathrm{E}_{\nu^\xi,\nu^\lambda}[\max_{p_{scT}^c,s\in\Omega_{cT}}\pi_c(p_T^c;n_T,F_T,G_T,H_T)]$$

$$(5-11)$$

其中，等号右边表示企业在第 T 期及以后所有时期利润的折现值。由于运营商预期在以后 $\bar{t}$ 个时期都得到与第 T 期相同的利润，因此运营商之间在第 T 期的博弈相当于静态博弈，求解第 T 期中的均衡价格会相对容易。

给定式（5-10）和式（5-11）中的值函数，可以推导出每个企业对所有价格的一阶条件。在第 t 期，当 $t<T$ 时，关于 p_{sct}^c 的一阶条件即式（5-12）；当 $t=T$ 时，关于 p_{scT}^c 的一阶条件即式（5-13）。

① 本章沿用 Goettler 和 Gordon（2011）的方法，将月度折现系数 β^d 设定为 0.99。

这两个一阶条件表明，均衡价格下的长期边际利润为 0。在两个等式中，前两项的和为运营商 c 在当前时期调整价格时对利润的边际影响，包括价格通过成本溢价和消费者需求对利润产生的影响。式（5-12）的最后一项是价格对未来利润现值的边际影响。

$$M_t\, s_{sct}(p_t^c,\xi_t) + M_t \sum_{s' \in \Omega_{ct}} m_{s'ct} \frac{\partial\, s_{s'ct}}{\partial\, p_{sct}^c} + \beta^d \frac{\partial\, V_c(n_{t+1}(n_t,p_t^c),t+1)}{\partial\, p_{sct}^c} = 0$$

$$(5-12)$$

$$M_T\, s_{scT}(p_T^c,\xi_T) + M_T \sum_{s' \in \Omega_{ct}} m_{s'cT} \frac{\partial\, s_{s'cT}}{\partial\, p_{scT}^c} = 0 \qquad (5-13)$$

在第 t（$t<T$）期，p_{sct}^c 不仅影响运营商在第 t 期的利润，而且通过操作系统规模影响未来利润。p_{sct}^c 对当期利润有两个方面的影响：一方面，价格越高，成本溢价越高，但需求越低，这可能导致当期利润上升或者下降；另一方面，由于不同操作系统之间具有替代性，p_{sct}^c 越高，该运营商销售的其他操作系统的手机需求就越高。

p_{sct}^c 对未来利润也有两个方面的影响：一方面，p_{sct}^c 越高，意味着该操作系统在下一期期初的网络规模越小，会降低所有运营商对该操作系统的未来销量；另一方面，在下一期期初，更小的网络规模意味着下一期有更多的潜在消费者进入市场，这又会提高运营商的利润。运营商在选择价格时在以上几种效应间权衡。而在第 T 期，p_{scT}^c 仅影响当期利润，影响因素与对第 t（$t<T$）期利润的影响一样。

接下来分析运营商之间动态定价博弈的均衡为子博弈精炼纳什均衡（SPNE）的情形。均衡解包括运营商在每一期的价格函数 $p^c(n_t, F_t, G_t, H_t)$ 和运营商的值函数 $V_c(n_t, F_t, G_t, H_t)$。

均衡解需要满足两个条件：第一，给定竞争对手的价格函数 p^c $(n_t,\ H_t)$ 和值函数 V_c $(n_t,\ F_t,\ G_t,\ H_t)$，每一个运营商的价格函数使其长期利润最大；第二，给定价格函数 p^c $(n_t,\ F_t,\ G_t,\ H_t)$，值函数 V_c $(n_t,\ F_t,\ G_t,\ H_t)$ 是运营商 c 的长期期望利润。

由于运营商之间进行有限期的博弈，因此一定存在 SPNE，并且可以采用逆向归纳法求解。在第 T 期，运营商之间进行静态定价博弈。此时，本章中的随机系数离散需求选择模型意味着运营商的价格一阶条件存在唯一解。[①] 由逆向归纳法可知，第 t $(t<T)$ 期的均衡价格也很可能是唯一的。因此，本章所考虑的运营商之间的定价博弈很可能存在唯一的均衡。

（四）模型分析讨论

值得注意的是，在本章中运营商的无线通信服务价格假定为外生给定。提出这个假设的原因包括以下几个方面。

首先，每家运营商对所有操作系统的机型提供的无线通信服务计划的集合是一样的，而非对不同的操作系统设定不同的服务价格。例如，AT&T 公司的消费者可以选择任意一个服务计划，不论该消费者使用的是哪个操作系统的手机。因此，每个运营商对不同操作系统的手机没有进行差异化的服务定价，说明网络效应并不影响运营商的无线服务定价。

其次，相较于每个月都可能变化的智能手机价格，运营商的

---

① 这是因为产品层面的销售份额关于价格的偏导矩阵为对角占优矩阵，对角元素为模型的合理参数。对矩阵求逆以求解成本溢价/价格时，解总是唯一的。有关矩阵的逆，更多细节可参见 Berry（1994）的文献。

无线通信服务价格几乎一年才调整一次，因此在本章使用的数据样本期间，运营商的无限通信服务价格变化次数比较少。

最后，运营商的无限通信服务价格并不呈现周期性的变化，相邻两次调整的间隔时长不固定，并且每家运营商提供的时长和数据流量服务不同。因此，同时对手机和服务定义时间阶段和建立定价模型是非常具有挑战性的。

根据 Nielsen 公司调查的结果，2011 年，iOS 和 Android 操作系统的用户比 BlackBerry 和 Windows Phone 操作系统的用户使用数据流量更多。[①] 因此，运营商可能会有动机对 iOS 和 Android 操作系统的手机设定低价，然后从这些用户每月较高的数据流量消费中赚取利润。这一动机可能会与表 4-3 中网络效应对手机价格的影响混淆，即运营商倾向于对使用 iOS 和 Android 这样的大操作系统的手机设定低价，以提升操作系统的市场集中度。在这种情形下，使用本章的模型进行估计可能会高估网络效应，这是因为本章模型将 iOS 和 Android 的低价单纯地归因于操作系统的网络效应。然而，即使存在偏误，这个偏误的影响也会很小，因为数据显示消费者每月在数据流量上的花费差异非常微小。[②]

---

① 2011 年第一季度，Android、iOS、BlackBerry 和 Windows Phone 的季度平均流量使用量分别为 582MB、492MB、127MB 和 317MB。详见 http：//www.nielsen.com/us/en/insights/news/2011。

② 数据显示，2011 年每 MB 数据流量的有效成本约为 8 美分，且该成本持续降低。根据脚注①，四大操作系统每人每月平均流量使用量分别为 194MB、164MB、42MB 和 106MB，则每人每月有效成本分别为 15.52 美元、13.12 美元、3.39 美元和 8.45 美元。因此，不同操作系统消费流量的成本差异很小。此外，即便 BlackBerry 用户每月仅用 42MB 流量，他仍旧需要支付最低月度计划费用（对于 AT&T 来说，这个最低月租是 200MB 的月度计划费用），其真正的月度流量费用是 200MB 而非 42MB 的费用。因此，不同操作系统的消费者数据流量成本的真实差异还要小。

此外，本章模型还假定，无论消费者使用的手机操作系统是什么，同一家运营商的所有用户选择的都是该运营商的平均无线通信服务计划。然而，如果 Android 操作系统的手机用户比 iOS 操作系统的手机用户对价格更为敏感，那么前者选择的无线通信服务计划可能会更便宜。于是，两类用户选择同一服务的这一假定会导致对价格系数的低估。也就是说，在真实情况下，如果消费者选择的无线通信服务费用小于模型设定的平均服务计划，那么本章结果就会低估消费者的价格敏感度。

三　结构模型估计方法

本章需求模型中的参数为 $\theta_d = (\alpha; \beta; \gamma; \psi; \eta; \Pi; \Sigma; \rho^{\xi})$，供给模型中的参数为 $\theta_s = (\omega; \kappa; \rho^{\lambda})$。本节将使用模型中的以下等式来估计这些参数："运营商-操作系统"组合的市场份额表达式，即式（5-4）；运营商的价格一阶条件表达式，即式（5-12）和式（5-13）；式（5-10）和式（5-11）所示的运营商的贝尔曼方程。

本节将采用广义矩估计方法（GMM）来估计模型中的参数。估计过程分为两个步骤：首先，通过需求模型中的式（5-4）来估计出 θ_d；其次，有了 θ_d 的估计值之后，再用供给模型中的等式估计出 θ_s。在构造估计中运用的矩条件时，利用 AR（1）过程中随机扰动项（ν_{sct}^{ξ}，ν_{sct}^{λ}）和工具变量之间的正交性，由于这两个随机扰动项是当期的需求冲击与成本冲击，因此它们不存在序列相关性，但是会影响该产品当期的价格与需求。

（一）模型识别

需求模型中价格系数 α 的识别受手机价格内生性的影响。运营商对手机设定的价格与当期的需求冲击 ν_{sct}^{ξ} 正相关，这是因为，在每一期中，运营商是在观测到 ν_{sct}^{ξ} 后设定价格的。随着 ν_{sct}^{ξ} 的增大，消费者在第 t 期选择组合 (s, c) 时得到的效用也会提高，这使得运营商有提价动机。

为了得到 α 的一致估计，为 p_{sct}^{c} 选用如下工具变量：同一运营商同一时期其他操作系统的所有手机的平均产品特征，以及同一操作系统同一时期其他运营商的所有手机的平均产品特征。这些工具变量的有效性与 Berry 等（1995）的研究中工具变量的有效性相似。也就是说，由于运营商之间进行价格竞争，价格 p_{sct}^{c} 受到其他操作系统和其他运营商的产品特征的影响，但这些竞争产品的特征与当前产品的质量扰动项 ν_{sct}^{ξ} 无关。

操作系统网络效应 γ 的识别不受内生性影响，因为操作系统的网络规模 N_{st} 与 ν_{sct}^{ξ} 无关。根据式（5-8），N_{st}（$N_{st}=n_{st}M$）在第 $t-1$ 期就已决定，而 ν_{sct}^{ξ} 是第 t 期新产生的随机变量，这两个变量没有相关性。如果本模型没有应用 AR（1）过程来控制 ξ_{sct} 的序列相关性，那么 ξ_{sct} 会进入矩条件，这时就会因 N_{st} 与 ξ_{sct} 相关而产生内生性问题。[①]

即便如此，在进行估计时依然采用工具变量法，N_{st} 的工具变

---

① 这是因为当期的操作系统网络规模与前一期的 ξ_{sct} 相关，进而因序列相关性而与当期的 ξ_{sct} 相关。

量与第四章回归分析中所用的操作系统网络规模的工具变量一样，也就是操作系统的月度累计应用数。这个工具变量是有效的，因为 ν_{sct}^{ξ} 与第 t 期操作系统 s 的可用月度累计应用数不相关。这是由于 ν_{sct}^{ξ} 是第 t 期新产生的随机变量，而开发一款手机应用需要很长时间，因此月度累计应用数是在第 t 期之前就已决定的，它与当期的冲击 ν_{sct}^{ξ} 不相关。而且，操作系统的月度累计应用数与其使用人数高度相关。这两个条件意味着操作系统的月度累计应用数是其网络规模的有效工具变量。

为了检验工具变量的强度，本节将内生变量 p_{sct}^{c} 和 N_{st} 回归到上述工具变量和其他外生变量上。后者包括"运营商-操作系统"组合的手机特征参数、组合哑变量以及操作系统在样本期间的更新次数。结果显示，这两个工具变量都通过了弱工具变量检验。[①]

（二）矩条件与参数识别

如前文所述，模型的估计分为两个阶段。先是通过需求模型估计 θ_d，在得到 $\hat{\theta}_d$ 后，再通过供给模型估计 θ_s。令 $(\theta_{d0}, \theta_{s0})$ 为 (θ_d, θ_s) 的真实值，估计这些参数使用的 GMM 矩条件为：

$$\mathrm{E}\left[\nu_{sct}^{\xi}(\theta_{d0}) Z_{sct}^{\xi}\right] = 0 \qquad (5-14)$$

$$\mathrm{E}\left[\nu_{sct}^{\lambda}(\theta_{d0}, \theta_{s0}) Z_{sct}^{\lambda}\right] = 0 \qquad (5-15)$$

其中，式（5-14）包含了估计需求模型参数的所有矩条件，

---

① 两次回归的 F 值分别为 46.27 和 2239.26。

式（5-15）包含了估计供给模型参数所需的矩条件。向量Z_{sct}^{ξ}包括前述工具变量以及需求模型中的其他外生变量（如手机特征参数、"运营商-操作系统"组合哑变量等）。Z_{sct}^{λ}包括手机特征参数、组合哑变量以及价格的工具变量。θ_d有47个要估计的参数，式（5-14）中有54个矩条件；θ_s有21个要估计的参数，式（5-15）中有49个矩方程。

下面采用两阶段GMM方法来得到θ_d的有效估计值。在第一阶段，式（5-14）中所有矩条件的权重矩阵为$W_{d1} = (Z^{\xi\prime} Z^{\xi})^{-1}$。在第二阶段，采用第一阶段$\theta_d$的估计值来计算最优权重的估计值，并将其作为新的权重矩阵，即$W_{d2} = (Z^{\xi\prime} \hat{\nu}^{\xi} \hat{\nu}^{\xi\prime} Z^{\xi})^{-1}$，其中$\hat{\nu}^{\xi}$是第一阶段求出的质量扰动项的估计值。在第$i$（$i \in \{1, 2\}$）阶段，GMM的目标函数为：

$$Q_i^d(\theta_d) = \left(\frac{1}{N_m} \sum_{sct}^{N_m} \left[Z_{sct}^{\xi} \nu_{sct}^{\xi}(\theta_d) \right] \right)^{\prime} W_{di} \left(\frac{1}{N_m} \sum_{sct}^{N_m} \left[Z_{sct}^{\xi} \nu_{sct}^{\xi}(\theta_d) \right] \right)$$

$$(5 - 16)$$

其中，N_m是组合（s，c，t）观测值的数量；W_{di}是第i阶段的权重矩阵；ν_{sct}^{ξ}（θ_d）是未观测到的质量因素ξ_{sct}（θ_d）的AR（1）过程中的扰动项。通过将"运营商-操作系统"组合的市场份额数据与其在模型中的预期值相匹配，即令模型推导出来的所有组合的市场份额等于真实数据中对应组合的市场份额，联立方程组，用数值方法求出ξ_{sct}（θ_d）。[①]

由于真实数据中缺乏消费者个人层面的信息，本书采用蒙特

① 在随机系数离散选择模型中，几乎不能从方程组中直接解出ξ_{sct}（θ_d）的表达式。

卡罗（Monte Carlo）法抽样得到消费者初始的收入、合同状态以及对产品特征的异质性偏好。[①] 为了计算模型预期的手机市场份额，首先计算每一个随机抽样生成的消费者选择每一款手机的概率，然后用所有消费者对该"运营商-操作系统"组合的平均选择概率来近似。在每一期中，一个消费者在第 t 期的合同状态和购买决策决定了其在下一期的合同状态。

在估计出需求模型参数后，再用两阶段 GMM 方法估计 θ_s。权重矩阵和目标函数与需求模型的估计方法类似。在式（5-12）的一阶条件中，运营商的值函数是未知的，本书采用多项式逼近的方法得到运营商值函数的近似表达式。

为了得到近似表达式中多项式的系数，首先随机生成状态变量的多个离散值，然后将"运营商-操作系统"层面的价格用 OLS 回归方法拟合为 $(n_t,\ t)$ 的函数，再用该拟合函数来预测每一个生成的状态变量下所有手机的价格，这样就可以计算在每一个生成的状态下所有运营商的当期利润以及下一期状态变量的值，进而可以估算贝尔曼方程。

在采用多项式方法近似未知值函数时，沿用 Yang（2020）的方法，用 n 个切比雪夫节点和切比雪夫多项式逼近 $V_{ct}(n_t)$。采用以上方法可以得到运营商关于价格一阶条件的表达式，然后将真实数据中的价格代入这些一阶条件中，求解得到运营商的成本冲击 $\lambda_{sct}(\theta_s,\ \hat{\theta}_d)$ 和 $\nu^\lambda_{sct}(\theta_s,\ \hat{\theta}_d)$。最后，将解得的 $\nu^\lambda_{sct}(\theta_s,\ \hat{\theta}_d)$ 代

---

① 在估计中，抽取 1000 个消费者的收入、合同状态和偏好特征，即从各个变量对应的分布中重复抽样 1000 次。

入 GMM 目标函数中，就可以计算目标函数的值，通过优化软件来寻找最小化目标函数的参数值，当该参数值收敛时，收敛值就是 θ_s 的估计值。

四 估计结果与讨论

表 5-1 展示了需求模型参数的估计值。操作系统总用户数的估计值显著为 0.113，这意味着操作系统总用户数每增加 100 万人，每个消费者购买使用该操作系统的智能手机的效用就会提高 0.113。运营商价格的估计值显著为 -0.350。两个参数合并在一起，说明一个操作系统增加 310 万用户和使用该操作系统的智能手机降价 100 美元这两种情形对消费者效用的影响是一样的。运营商价格和消费者收入交互项的系数显著为 0.168，表明高收入消费者的价格敏感度更低。在各产品特征中，镜头像素、屏幕分辨率和处理器速度对消费效用的影响显著为正；手机重量和屏幕尺寸的影响显著为负；内存和电池容量对消费者效用的影响不显著。

表 5-1 需求模型参数的估计值

变量	估计值	变量	估计值
操作系统总用户数（百万人）, $\hat{\gamma}$	0.113 *** (0.036)	运营商价格×消费者收入, $\hat{\pi}_1$	0.168 *** (0.053)
运营商价格（100 美元）, $-\hat{\alpha}$	-0.350 *** (0.134)	存储容量（GB）, $\hat{\beta}_1$	-0.027 (0.020)

续表

变量	估计值	变量	估计值
电池容量（1000mAh）,$\hat{\beta}_2$	−0.298 （0.434）	Verizon−BlackBerry,$\hat{\psi}_{bv}$	−0.881 （1.829）
镜头像素（百万像素）,$\hat{\beta}_3$	0.757*** （0.069）	Verizon−Windows Phone, $\hat{\psi}_{wv}$	0.228 （2.022）
屏幕尺寸（英寸）,$\hat{\beta}_4$	−1.002*** （0.179）	AT&T−iOS,$\hat{\psi}_{ia}$	0.287 （1.427）
手机重量（克）,$\hat{\beta}_5$	−1.882*** （0.792）	AT&T−Android,$\hat{\psi}_{aa}$	−3.288* （1.967）
屏幕分辨率（百万像素/ 英寸²）,$\hat{\beta}_6$	0.391*** （0.103）	AT&T−BlackBerry,$\hat{\psi}_{ba}$	−0.346 （1.736）
内存（GB）,$\hat{\beta}_7$	0.377 （0.335）	AT&T−Windows Phone, $\hat{\psi}_{wa}$	−0.808 （1.928）
处理器速度（GHz）,$\hat{\beta}_8$	0.650*** （0.127）	Sprint−iOS,$\hat{\psi}_{is}$	−2.407* （1.427）
$\hat{\eta}ios$	0.871*** 0.088	Sprint−Android,$\hat{\psi}_{as}$	−2.121 （1.560）
$\hat{\eta}and$	0.535*** 0.114	Sprint−BlackBerry,$\hat{\psi}_{bs}$	−0.982 （2.130）
$\hat{\eta}bla$	3.196*** 0.162	Sprint−Windows Phone, $\hat{\psi}_{ws}$	−0.090 （1.674）
$\hat{\eta}win$	2.81*** 0.143	T−Mobile−iOS,$\hat{\psi}_{it}$	−0.878 （1.534）
ρ^ε	0.925*** （0.004）	T−Mobile−Android,$\hat{\psi}_{at}$	−3.694** （1.882）
Verizon−iOS,$\hat{\psi}_{iv}$	0.328 （1.476）	T−Mobile−BlackBerry,$\hat{\psi}_{bt}$	−1.632 （1.630）
Verizon−Android,$\hat{\psi}_{av}$	−1.655 （1.907）	T−Mobile−Windows Phone,$\hat{\psi}_{wt}$	−1.137 （2.042）

注：括号内为稳健标准误，***、**、*分别表示在1%、5%、10%的水平下显著。

　　四大操作系统中 η 的估计值的系数都显著为正，说明操作系统版本的更新会提高消费者效用。在这些操作系统中，BlackBerry 版本更新对消费者的效用影响最大，而 Android 版本更新对消费者的效用影响最小。ξ_{sct} 的序列相关系数的估计值为0.925 并且显著。由此可知，引入一阶自回归过程来消除 ξ_{sct} 的序列相关性是必要的，否则 ξ_{sct} 将导致以上 GMM 估计中的操作系统网络规模具有内生性。各"运营商–操作系统"组合固定效应的估计值表明，在各操作系统中，iOS 操作系统的质量最高；而在各运营商中，Verizon 带给消费者的效用最大。

　　在估计出以上参数后，分别计算每个"运营商–操作系统"组合的需求价格弹性。表 5-2 展示了 Verizon 和 AT&T 在样本期间各操作系统的需求价格弹性，包括自价格弹性和交叉价格弹性，对角元素值为自价格弹性，非对角元素值为交叉价格弹性。iOS 和 Android 操作系统的自价格弹性较小，表明这两个操作系统的用户对价格的敏感度较低。表 5-2 中第 i 行第 j 列的数字是消费者对组合 i 的需求对组合 j 的价格的弹性。第（1）列表明"Verizon–iOS"手机的提价对"AT&T–iOS"手机销量的影响最大，即这两个"运营商–操作系统"组合彼此间的替代性最强。对各列进行比较，发现 Android 和iOS 这两个操作系统之间的替代效应强于另外两个系统之间的替代效应。

表 5-2　Verizon 和 AT&T 的需求价格弹性

运营商-操作系统	（1）Verizon-iOS	（2）Verizon-Android	（3）Verizon-BlackBerry	（4）Verizon-Windows Phone	（5）AT&T-iOS	（6）AT&T-Android	（7）AT&T-BlackBerry	（8）AT&T-Windows Phone
Verizon-iOS	−2.431	0.207	0.004	0.011	0.461	0.105	0.008	0.016
Verizon-Android	0.207	−2.363	0.009	0.012	0.237	0.163	0.016	0.021
Verizon-BlackBerry	0.188	0.320	−2.737	0.015	0.213	0.108	0.031	0.019
Verizon-Windows Phone	0.268	0.295	0.009	−2.686	0.295	0.124	0.015	0.020
AT&T-iOS	0.416	0.217	0.005	0.011	−2.301	0.111	0.008	0.017
AT&T-Android	0.221	0.343	0.006	0.011	0.256	−2.386	0.012	0.020
AT&T-BlackBerry	0.167	0.303	0.015	0.016	0.192	0.106	−2.489	0.020
AT&T-Windows Phone	0.242	0.313	0.007	0.014	0.278	0.144	0.014	−2.509

表 5-3 展示了供给模型参数的估计值。各操作系统批发-零售价格比率的估计值 $\hat{\omega}_s$ 均显著为正。iOS 操作系统该比率的估计值比其他系统略高，为 0.901，这意味着运营商以平均 585 美元的批发价购得零售价为 649 美元的苹果手机。这一结果与苹果公司资产负债表中的估计值 581 美元接近。[①] 其他三个操作系统批发-零售价格比率的估计值为 0.896 左右，这意味着运营商以平均 537 美元的批发价购得零售价为 599 美元的三星 S3 手机。λ_{sct} 的序列相关系数的估计值显著为 0.948，表明成本冲击存在很高的序列相关性。

————————

① 参见《2013 年数码行业趋势报告》（Digital Trends Report），http：//www.digitaltrends.com/mobile/。

表 5-3 供给模型参数估计值

指标	变量	估计值
批发-零售价格比率(ω)	iOS,$\hat{\omega}_i$	0.901 ***
		(0.301)
	Android,$\hat{\omega}_a$	0.896 ***
		(0.187)
	BlackBerry,$\hat{\omega}_b$	0.896 ***
		(0.169)
	Windows Phone,$\hat{\omega}_w$	0.895 ***
		(0.094)
	ρ^λ	0.948 ***
		(0.004)
月度服务成本 （100 美元）(κ)	Verizon-iOS,$\hat{\kappa}_{vi}$	0.283 ***
		(0.081)
	Verizon-Android,$\hat{\kappa}_{va}$	0.241 ***
		(0.035)
	Verizon-BlackBerry,$\hat{\kappa}_{vb}$	0.238 ***
		(0.038)
	Verizon-Windows Phone,$\hat{\kappa}_{vw}$	0.235 ***
		(0.020)
	AT&T-iOS,$\hat{\kappa}_{ai}$	0.266 ***
		(0.084)
	AT&T-Android,$\hat{\kappa}_{aa}$	0.241 ***
		(0.036)
	AT&T-BlackBerry,$\hat{\kappa}_{ab}$	0.247 ***
		(0.040)
	AT&T-Windows Phone,$\hat{\kappa}_{aw}$	0.261 ***
		(0.019)
	Sprint-iOS,$\hat{\kappa}_{si}$	0.245 ***
		(0.084)
	Sprint-Android,$\hat{\kappa}_{sa}$	0.235 ***
		(0.036)
	Sprint-BlackBerry,$\hat{\kappa}_{sb}$	0.241 ***
		(0.031)
	Sprint-Windows Phone,$\hat{\kappa}_{sw}$	0.246 ***
		(0.018)

指标	变量	估计值
月度服务成本（100 美元）（κ）	T-Mobile-iOS, $\hat{\kappa}_{ti}$	0.223 *** （0.089）
	T-Mobile-Android, $\hat{\kappa}_{ta}$	0.228 *** （0.032）
	T-Mobile-BlackBerry, $\hat{\kappa}_{tb}$	0.244 *** （0.027）
	T-Mobiel-Windows Phone, $\hat{\kappa}_{tw}$	0.228 *** （0.018）

注：括号内为稳健标准误，*** 、** 、* 分别表示在1%、5%、10%的水平下显著。

对四大运营商的月度服务成本进行比较显示，Verizon、AT&T、Sprint 和 T-Mobile 月度服务成本的估计值分别为 24.9 美元、25.4 美元、24.2 美元和 23.1 美元。对四大操作系统的月度服务成本进行比较显示，运营商对 iOS 操作系统的月度服务成本高于对其他三个操作系统的月度服务成本。结合真实数据中运营商的通信服务价格，可以得到四大运营商对每人每月的平均通信服务成本溢价分别为 38.4 美元、34.6 美元、35.8 美元和 26.9 美元。

接下来，计算运营商从每位签订两年合约的消费者处获得的成本溢价 $m_{sct}=p_{sct}^{c}+f_{ct}-k_{sct}$。表 5-4 展示了"运营商-操作系统"层面单个消费者的成本溢价。虽然运营商为签订两年合约的消费者购买智能手机提供了很大折扣，但仍然在每位消费者身上获得了至少 600 美元的利润。在四大运营商中，由于 T-Mobile 提供服务的边际收益较低，其成本溢价最低。在四大操作系统中，iOS 和

Android 的成本溢价较低，这与表 5-1 的回归结果一致。这是因为运营商给大操作系统（iOS 和 Android）设定较低的手机价格，而给所有操作系统设定相同的服务价格。这一结果也支持了 2011 年关于运营商在苹果手机业务上的边际收益较低的报道。[①]

表 5-4　"运营商-操作系统"层面单个消费者的成本溢价

单位：100 美元

操作系统	Verizon	AT&T	Sprint	T-Mobile
iOS	6.04	6.36	6.48	5.68
Android	6.96	7.33	6.57	6.88
BlackBerry	8.76	8.78	6.92	6.71
Windows Phone	7.62	7.40	6.62	6.22

参考文献

[1] Berry, S., Levinsohn, J., Pakes, A., "Automobile Prices in Market Equilibrium", *Econometrica*, 1995, 63 (3), pp. 841-890.

[2] Berry, S. T., "Estimating Discrete-choice Models of Product Differentiation", *The RAND Journal of Economics*, 1994, 25 (2), pp. 242-262.

[3] Chou, C., Derdenger, T., Kumar, V., "Linear Estimation of Aggregate Dynamic Discrete Demand for Durable Goods: Overcoming the Curse of Dimensionality", *Marketing Science*, 2019, 38 (5), pp. 888-909.

[4] Goettler, R. L., Gordon, B. R., "Does AMD Spur Intel to Innovate More?", *Journal of Political Economy*, 2011, 119 (6), pp. 1141-1200.

[5] Igami, M., "Estimating the Innovator's Dilemma: Structural Analysis of

① 数据来源于 http://money.cnn.com/2012/02/08/technology/iphone carrier subsidy/。

Creative Destruction in the Hard Disk Drive Industry, 1981–1998", *Journal of Political Economy*, 2017, 125 (3), pp. 798–847.

[6] Lee, R. S., "Vertical Integration and Exclusivity in Platform and Two–sided Markets", *The American Economic Review*, 2013, 103 (7), pp. 2960–3000.

[7] Liu, Y., Luo, R., "Network Effects and Multinetwork Sellers' Dynamic Pricing in the U. S. Smartphone Market", *Management Science*, 2022.

[8] McFadden, D., "Modeling the Choice of Residential Location", In Karlgvist, A. et al., *Spatial Interaction Theory and Planning Models*, Amsterdam: North–Holland, 1978.

[9] Sinkinson, M., "Pricing and Entry Incentives with Exclusive Contracts", Working Paper, 2016.

[10] Train, K. E., *Discrete Choice Methods with Simulation*, Cambridge University Press, 2009.

[11] Yang, C., "Vertical Structure and Innovation: A Study of the SoC and Smartphone Industries", *The RAND Journal of Economics*, 2020, 51 (3), pp. 739–785.

第六章　多网络企业定价的反事实分析

一　网络效应对运营商的手机价格、消费者和运营商利润的影响

在第五章结构模型框架和估计结果的基础上，本章将定量分析操作系统的网络效应对消费者需求和价格的影响，比较三种反事实情形。

在第一种情形中，使用估计的系数对第五章中的结构模型进行模拟。模拟方法是在每一期中抽取 100 组随机的需求冲击和成本冲击向量 $(\nu^{\xi}, \nu^{\lambda})$。对于每一组生成的冲击向量，结合真实数据中观测到的每一期的手机价格，使用第五章估计得到的消费者需求模型，计算每一期的智能手机市场份额和累计操作系统市场份额的演变过程，然后对这 100 组随机冲击下每一期的市场份额演变计算平均值，该平均值就是模拟出来的市场份额演变过程。

在第二种情形中，将操作系统在整个样本期间的网络规模都固定在真实数据中第一期的取值上，并用真实数据中观测到的手机价格来计算智能手机的市场份额和累计操作系统市场份额的演

变过程。在计算这种情形时，假定冲击与第一种情形下生成的冲击相同，都为 100 组随机冲击。

以上两种情形的差别在于，在第二种情形中，操作系统的网络规模不随时间而变化；而在第一种情形中，操作系统的网络规模随时间而增长。通过对比第一种情形和第二种情形，可以定量分析操作系统的网络效应对智能手机需求的影响。

图 6-1 展示了这两种情形对比的结果，其中横轴表示 8 个时期，每个时期长度为 3 个月，纵轴表示市场份额。结果显示，与第一种情形相比，在第二种情形中，Android 操作系统的市场份额大幅下降，截至 2013 年 5 月，其市场份额从第一种情形中的 44.69%下降至 24.68%，而 iOS、BlackBerry 和 Windows Phone 操作系统的市场份额在第二种情形中有微小的上升。与第一种情形相比，在第二种情形中，消费者剩余将减少 63.6 亿美元。因此，操作系统的网络效应不仅对操作系统市场的集中和增长有重大贡献，而且显著提高了智能手机行业的消费者剩余。

在第三种情形中，假设每期的网络规模与第一种情形中的值相同，但是假定运营商在每期进行静态定价博弈，而不是进行动态定价博弈。在这种情形下，重新计算运营商在每期的智能手机价格。新的价格与真实数据中观测到的价格之间的差异表明不断变化的操作系统网络规模对智能手机价格的影响。

表 6-1 列出了"运营商-操作系统"层面的平均手机价格在第一种情形和第三种情形之间的差异。结果显示，在静态定价博弈中，运营商会降低手机价格，这样可以增加当前的利润，而不会影

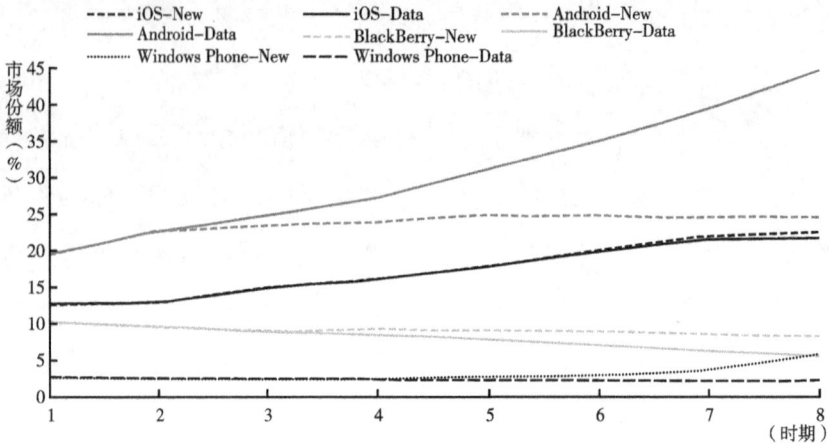

图 6-1 网络效应对四大操作系统市场份额的影响

注：iOS-Data、Android-Data、BlackBerry-Data、Windows Phone-Data 分别表示四大操作系统在第一种情形下的平均累计操作系统市场份额，iOS-New、Android-New、BlackBerry-New、Windows Phone-New 分别表示四大操作系统在第二种情形下的平均累计操作系统市场份额。

响未来的市场规模。Verizon、AT&T、Sprint 和 T-Mobile 几乎都会降低 iOS 和 Android 操作系统的手机的价格。这支持了第二章中企业静态定价理论的结果，也就是说，相对于动态定价模型，在静态定价模型中，多操作系统企业会在更大的网络上为智能手机设定相对更高的价格（Verizon 除外）。与第一种情形相比，由于智能手机价格降低，消费者剩余将增加 2.4 亿美元。

表 6-1 操作系统网络效应对运营商手机价格的影响（情形一 vs. 情形三）

单位：美元

操作系统	Verizon	AT&T	Sprint	T-Mobile
iOS	−6.87	−10.94	−9.51	2.67
Android	−2.66	−2.41	−2.89	−1.85
BlackBerry	10.98	−23.86	−14.02	0.38
Windows Phone	12.11	−27.29	−23.18	−9.08

二　多网络通信运营商与单网络通信运营商

为了评价多网络通信运营商定价策略的福利影响，比较多网络通信运营商和单网络通信运营商的定价策略，本节介绍 Liu 和 Luo（2022）的研究中分析通信运营商均为单网络通信运营商的反事实情形，即每个通信运营商都只销售一个操作系统的手机。现实中，美国智能手机市场也曾出现过类似的"运营商-操作系统"关系。例如，苹果手机 2007~2011 年仅在 AT&T 销售，而谷歌的 Pixel 手机 2016 年仅在 Verizon 销售。

如果各通信运营商变为销售不同操作系统手机的单网络企业，那么对智能手机定价的影响有三个方面。

第一，在单网络企业情形下，各通信运营商之间不再销售同样的操作系统，因而不再具有外溢效应。所谓外溢效应，是指当一家多网络企业为某操作系统的手机设定低价时，其网络规模的增长不仅会使本企业获益，而且会使销售同样操作系统的竞争对手获益。因此，相较于单网络企业，多网络企业倾向于设定更高的价格。

第二，只销售一个操作系统的手机意味着通信运营商的市场势力被削弱。当一家多网络企业对其中一个操作系统的手机提价时，部分因此而不购买该操作系统手机的消费者会转而选择该企业其他操作系统的手机；而当一家单网络企业对其中一个操作系统的手机提价时，如果消费者不购买该操作系统的手机，那么它必定会选择其他企业。因此，相较于单网络企业，多网络企业的市场势力效应能够给其带来更大的提价空间。

第三，在单操作系统情形下，通信运营商给大操作系统定低价以提高市场集中度的动机也不再存在。依据第二章和第三章的理论分析结果，单网络企业倾向于为大操作系统设定高价，为小操作系统设定低价。

首先，本节比较单网络情形下和真实数据中的手机价格及通信运营商的利润。其次，设定更多的反事实情形，分别定量分析多网络通信运营商之间的溢出效应和市场势力效应对手机价格和市场结构的影响。[①] 最后，给定溢出效应和市场势力效应的影响结果，结合多网络企业和单网络企业的总体影响，分离出第三种效应，即通信运营商偏好市场集中化的影响。

（一）由多网络企业变为单网络企业的总体影响

为使消费者选择集合及通信运营商产品集合与真实数据保持一致，在反事实分析中，假设真实数据中各通信运营商销售的所有不同手机的操作系统都属于同一个操作系统。例如，Verizon 销售的 iOS、Android、BlackBerry 和 Windows Phone 操作系统的手机都使用"Verizon"操作系统。通过这样的反事实设计，产品不需要在通信运营商之间重新分配，因为 iOS 和 Android 操作系统的市场占有率很高，一旦强行重新分配会大大改变各通信运营商的产品集合，从而改变其市场势力。但在反事实情形下，每一家通

---

① 直接设计反事实情形将第三种效应分离出来非常困难。这是因为将通信运营商从多网络企业变为单网络企业时，其他两个效应将不可避免地出现。

信运营商的操作系统网络规模即用户总数。在进行反事实计算时，手机产品特征与真实数据中的特征保持一致，"运营商-操作系统"组合的固定效应、需求和成本扰动项采用第五章结构模型的估计值。

在变为单网络企业后，四大通信运营商之间仍进行有限期动态定价博弈。在博弈中，各通信运营商的状态变量包括四大操作系统的市场份额向量 n_t^{cnt}、收入和异质性偏好的分布 F_t^{cnt}、消费者两年合同状态的分布 G_t^{cnt}，以及信息集 H_t^{cnt}，其中上标 cnt 表示反事实情形。在计算时，采用逆向归纳方法求解各通信运营商在反事实情形下新的值函数。[①] 在反事实中的第一期，假定各通信运营商操作系统的用户数为其真实数据中的累计用户数。

表 6-2 展示了单网络通信运营商情形下的智能手机价格和通信运营商利润，以及它们与其模型中估计值之间的差别。第（1）列和第（2）列分别比较了在数据样本的第一年和第二年各"运营商-操作系统"组合的智能手机价格与真实数据中手机价格的差额，结果如下。

---

① 在每一期，为四大操作系统的市场份额向量 n_t^{cnt} 选择切比雪夫节点，并作为状态变量 n_t^{cnt} 在不同状态下的值。对于每个节点，随机生成各期的 (ξ, λ) 向量。给定 n_t^{cnt} 和 (ξ, λ)，采用逆向归纳法来求解反事实情形下的手机价格和通信运营商在有限期博弈中的值函数。从最后一期即第 T 期开始，对所有生成的状态 n_T^{cnt}，运用其对应的反事实一阶条件求解均衡价格并计算出在 n_T^{cnt} 状态下的利润，然后选择利润和模拟的状态变量用切比雪夫多项式来逼近，得到各通信运营商在最后一期的值函数。在第 $T-1$ 期，对于所有生成的状态 n_{T-1}^{cnt}，通信运营商的一阶条件包含其下一期的值函数对当期价格的偏导数，这一偏导数可以用通信运营商在第 T 期的切比雪夫近似值函数求导得到。运用这些一阶条件计算出价格后，可以得到通信运营商在第 $T-1$ 期的利润及当期的值函数，再用切比雪夫多项式来逼近值函数，就可以得到通信运营商在第 $T-1$ 期的值函数的表达式，用于求解第 $T-2$ 期的价格。其他时期的价格和值函数可以依此类推求解出来。

表 6-2　"运营商-操作系统"之间的单网络关系
对手机价格和通信运营商利润的影响

运营商-操作系统	（1）	（2）	（3）	（4）
	手机价格差额（100 美元）		通信运营商利润变化（10 亿美元）	
	2011~2012 年	2012~2013 年	2011~2012 年	2012~2013 年
Verizon-iOS	2.570	3.788		
Verizon-Android	2.070	3.141		
Verizon-BlackBerry	-2.288	1.736	23.267（38.16%）	26.269（27.37%）
Verizon-Windows Phone	-0.758	2.227		
AT&T-iOS	3.857	3.568		
AT&T-Android	3.075	1.341		
AT&T-BlackBerry	1.164	1.557	31.234（41.15%）	25.081（31.75%）
AT&T-Windows Phone	2.907	2.676		
Sprint-iOS	1.482	0.581		
Sprint-Android	0.114	1.724		
Sprint-BlackBerry	-0.461	-0.854	1.296（4.35%）	4.236（12.23%）
Sprint-Windows Phone	-0.875	1.298		
T-Mobile-iOS	—	1.829		
T-Mobile-Android	-1.095	-0.637		
T-Mobile-BlackBerry	-1.270	-0.362	-0.820（-0.36%）	5.697（14.06%）
T-Mobile-Windows Phone	-2.434	-0.673		

　　首先，在单网络情形下，iOS 和 Android 操作系统的手机的价格比真实数据中的价格更高。这是因为单网络通信运营商倾向于为大操作系统——iOS 和 Android 选择较高的价格，而为小操作系统——BlackBerry 和 Windows Phone 选择相对较低的价格。iOS 操

作系统的手机最高提价达 386 美元，Android 操作系统的手机最高提价为 314 美元；BlackBerry 操作系统的手机最高降价为 229 美元，Windows Phone 操作系统的手机最高降价为 243 美元。由此可知，相对于多网络通信运营商，单网络通信运营商有动机为大操作系统设定高价。

其次，单网络通信运营商在 2011～2012 年的定价比在 2012～2013 年更低。这是因为通信运营商有更强的动机在第一年进行低价投资，而且价格随着操作系统网络规模的扩大而提高①，这是因为选择低价可以促进操作系统网络规模的增长，提高运营商的长期利润。

最后，不同于其他通信运营商，在样本的两年期间，在单网络情形下，T-Mobile 几乎所有操作系统的价格都比在多网络情形下低。这是因为，T-Mobile 的操作系统网络规模（用户数）最小，在反事实情形下市场势力被削弱。由于在单网络情形下，手机价格上升导致需求下降，这使得消费者剩余在样本期间减少了 69.9 亿美元。②

表 6-2 的第（3）列和第（4）列展示了通信运营商的利润变化情况。与通信运营商在多网络情形下的利润相比，在单网络情形下，Verizon、AT&T、Sprint 和 T-Mobile 在 2011～2012 年的利润增长率分别为 38.16%、41.15%、4.35% 和 - 0.36%，2012～2013 年分别为

---

① 随着安装基础规模的扩大，潜在消费者数量和未来利润空间缩减，这会削弱通信运营商的投资动机，通信运营商倾向于设定高价。2011 年美国智能手机市场规模为 1.09 亿美元，2012 年下降到 0.83 亿美元。因此，通信运营商更愿意在 2012 年投资。

② 消费者 i 在第 t 期消费者剩余的差异由式 $\Delta \mathrm{E}\left(CS_{it}\right)=\dfrac{1}{\alpha_i}\left\{\ln\left[\sum_{sc}\exp\left(u_{isct}^{cnt}\right)\right]-\ln\left[\sum_{sc}\exp\left(u_{isct}^{data}\right)\right]\right\}$ 计算出，其中上标 cnt 表示反事实情形中的值，上标 $data$ 表示真实数据中的值，加总范围 sc 包括外部市场选择。

27.37%、31.75%、12.23%和14.06%。除了 T-Mobile 在 2011~2012 年的情况外，在通信运营商销售单操作系统的情况下，利润均有所增长，Verizon 和 AT&T 相较于其他两个通信运营商的利润增长更多。

单网络通信运营商的反事实情形对通信运营商的利润有两个影响，分别通过价格和操作系统网络规模传导。

第一，正如表6-2第（1）列和第（2）列所展现的，单网络通信运营商为 iOS 和 Android 操作系统的手机设定更高的价格，且有更强的低价投资动机。相应地，iOS 和 Android 操作系统的手机在反事实情形中的需求会比在真实数据中的需求更低，而其他两个操作系统的手机需求会更高。这些需求变化会相应地影响通信运营商的利润。

第二，在真实数据中，四大通信运营商面对同样的操作系统，因此各操作系统的网络效应对各通信运营商的影响相同。但是在反事实情形下，由于 Sprint 和 T-Mobile 的用户数较少，因此它们的操作系统网络规模较小，其利润的增长率也较低。

（二）网络排他性的影响

为了分析多网络情形下通信运营商之间的溢出效应对其智能手机价格的影响，本部分设计以下两个反事实情形。在情形一中，四大通信运营商都只销售 iOS 操作系统的手机，因此它们共享一个 iOS 操作系统的网络，此时各通信运营商之间存在溢出效应。在情形二中，四大通信运营商依然都只销售 iOS 操作系统的手机，但每家通信运营商各有一个不同的 iOS 操作系统的网络，此时各通信运营商之间没有外溢效应。

在这两种情形中，通信运营商之间都进行有限期动态定价博弈。在情形一中，通信运营商在第 t 期的状态变量为（$n_t^{ios,1}$，F_t^1，G_t^1，H_t^1），其中上标 1 表示第一种反事实情形。这些状态变量包括共有的 iOS 操作系统的累计市场份额 $n_t^{ios,1}$、潜在消费者收入和异质性偏好的分布 F_t^1、所有消费者合同状态的分布 G_t^1，以及信息集 H_t^1。其中，H_t^1 是四大通信运营商共有的信息集，包括各通信运营商当前及未来销售机型的集合、手机特征参数，以及需求和成本因素的滞后值（ξ_{t-1}^{ios}，λ_{t-1}^{ios}）。在每一期，各通信运营商同时设置不同 iOS 操作系统的手机价格，以最大化各自的长期期望利润。

在情形二中，通信运营商在第 t 期的状态变量为（$n_t^{ios,2}$，F_t^2，G_t^2，H_t^2），其中上标 2 表示第二种反事实情形。这些状态变量包括 4 个不同的 iOS 操作系统的累计市场份额 $n_t^{ios,2}$、潜在消费者收入和异质性偏好的分布 F_t^2、所有消费者合同状态的分布 G_t^2，以及信息集 H_t^2。其中，$n_t^{ios,2}$ 是一个向量，表示 4 个不同的 iOS 操作系统各自的市场份额；H_t^2 包含的信息与情形一相同。

在第一种反事实情形中，$n_t^{ios,1}$ 的初始值为真实数据中 iOS 操作系统首期的市场份额。在第二种反事实情形中，$n_t^{ios,2}$ 的初始值为真实数据中 iOS 操作系统首期的市场份额与各通信运营商累计用户市场份额的乘积。也就是说，情形一中 $n_t^{ios,1}$ 的初始值是情形二中 $n_t^{ios,2}$ 的初始值之和。

假如在情形二中各通信运营商的初始市场份额都相同，则两个反事实情形之间的可比性将大大降低，这是由于以下两个原因：第一，情形二中智能手机用户总数的初始值将会是情形一的 4 倍；第二，情形二中各期智能手机的潜在消费者数量将会比情形一少很多。因此，对两个反事实情形采用以上初始网络规模的假设。

在每种情形下，首先求解"运营商-时期"层面的值函数[①]，然后用值函数的一阶条件求得新的均衡价格。表 6-3 展示了两种情形下各通信运营商智能手机价格的对比结果。结果显示，各操作系统的手机价格在情形二中均低于情形一。这是因为，在情形一中，各通信运营商共享同一个操作系统，操作系统具有非排他性，此时通信运营商之间存在溢出效应，这个溢出效应削弱了通信运营商降低手机价格的动机。而在情形二中，各通信运营商的操作系统各不相同，操作系统之间具有排他性，此时通信运营商之间不存在溢出效应，因此通信运营商具有更强的动机通过降低价格来扩大网络规模。

表 6-3 操作系统非排他性对智能手机价格的影响（情形二 vs. 情形一）

单位：100 美元

运营商-操作系统	运营商的手机价格差额	运营商-操作系统	运营商的手机价格差额
Verizon-iOS	−0.059	Sprint-iOS	−0.131
AT&T-iOS	−1.227	T-Mobile-iOS	−0.232

表 6-3 的结果表明，溢出效应会使得多网络通信运营商比单网络通信运营商制定更高的手机价格，验证了溢出效应对多网络

---

① 与前文的方法相似，首先，生成市场份额的切比雪夫节点作为状态变量和一阶自回归过程中的扰动项。在第 T 期，对每一状态变量和扰动项的组合，采用一阶条件得到价格及利润，进而通过切比雪夫多项式、节点和利润得到第 T 期的值函数。其次，对每一期递归地运用上述步骤计算均衡价格以及通信运营商的利润和值函数。

通信运营商价格的正向影响，这与第二章中的理论模型分析结果一致。[①]

（三）多网络通信运营商的市场势力

为了分析多网络通信运营商的市场势力对智能手机价格的影响，本部分设计以下两种反事实情形：情形三和情形四。在情形三中，假定操作系统不再具有网络效应，即网络效应参数为 0（$\gamma = 0$），同时假设所有通信运营商的手机产品集合与真实数据中一致，运营商均为多产品通信运营商。在情形四中，同样假设操作系统的网络效应参数为 0，但真实数据中的每一个产品都由一个单产品运营商销售，每个单产品运营商分别销售真实数据中的一个产品。其中，一个产品表示一个"运营商–操作系统"组合。因此，在情形四中，共有 16 个单产品通信运营商。

以上两种情形的差别在于，多产品通信运营商面临更小的需求价格弹性，从而有更大的提价空间。在情形三中，当多产品通信运营商提高其某一个产品的价格时，部分不再购买这一产品的消费者不会转而选择其他通信运营商，而是选择同一通信运营商的其他产品。而在情形四中，当单产品通信运营商提高其产品的价格时，所有不再购买该产品的消费者都将选择其他通信运营商，这意味着所有转移消费者就此流失，转向其他通信运营商。因此，与多产品通信运营商相比，单产品通信运营商的市场势力更弱。

当 $\gamma = 0$ 时，操作系统不存在网络效应，操作系统市场份额的

---

① 情形一中 iOS 操作系统网络规模的初始值远大于情形二，这同样可能导致价格更高。

动态变化不再影响消费者的手机需求及运营商的利润。因此，在情形三和情形四中，通信运营商之间都进行静态定价博弈。^① 在每一期，所有通信运营商之间相互竞争并选择智能手机价格，以最大化其当期利润。

采用每一期的一阶条件来求解情形三和情形四中的均衡价格。表 6-4 展示了情形四中的手机价格与情形三中的手机价格之差，这些差额几乎都为负数，这表明在单产品通信运营商情形下，所有手机的均衡价格更低。原因是，相较于多产品通信运营商，单产品通信运营商的市场势力更弱。由此可知，多产品通信运营商的市场势力效应对智能手机价格有正向影响。这一结论与理论模型中多产品通信运营商的市场势力对产品价格的影响一致。

表 6-4　多网络通信运营商市场势力导致的价格差异（情形四 vs. 情形三）

单位：100 美元

运营商-操作系统	运营商的手机价格差额	运营商-操作系统	运营商的手机价格差额
Verizon-iOS	-0.722	Sprint-iOS	0.228
Verizon-Android	-1.681	Sprint-Android	-1.282
Verizon-BlackBerry	-2.250	Sprint-BlackBerry	-1.591
Verizon-Windows Phone	-1.310	Sprint-Windows Phone	-1.988
AT&T-iOS	-0.658	T-Mobile-iOS	-1.151
AT&T-Android	-0.482	T-Mobile-Android	-0.411
AT&T-BlackBerry	-0.854	T-Mobile-BlackBerry	-0.589
AT&T-Windows Phone	-1.264	T-Mobile-Windows Phone	-0.898

① 当 $\gamma = 0$ 时，企业唯一需要权衡的就是当前的销售是否会削减未来的市场规模。然而，由于折现系数小于 1，企业总是愿意最大化其当前利润。因此，各通信运营商进行的是静态定价博弈。

（四）　多网络通信运营商对市场集中的偏好

本章将多网络通信运营商设定为单网络通信运营商的反事实情形，除了改变溢出效应和市场势力效应之外，还有第三种影响。多网络通信运营商有激励通过对不同规模的操作系统设置差异化定价来提高操作系统的市场集中度，这样可以增加多网络通信运营商的长期利润，但是单网络通信运营商没有这种激励来提高市场集中度。因此，将多网络通信运营商变为单网络通信运营商的第三种影响是，这种变化削弱了通信运营商对大操作系统的手机选择相对较低价格以提高市场集中度的倾向。

尽管难以通过反事实设计直接分离出第三种影响，但表 6-2、表 6-3 和表 6-4 的结果间接地为第三种影响提供了证据。表 6-2 中的总体影响表明，相较于小操作系统 BlackBerry 和 Windows Phone，单操作系统通信运营商会提高大操作系统 iOS 和 Android 手机的价格。然而，表 6-3 和表 6-4 表明，第一种效应（溢出效应）和第二种效应（市场势力效应）促使单网络通信运营商为所有操作系统设定更低的价格。因此，表 6-2 中的总体影响——iOS 和 Android 操作系统的手机价格上升——只可能由第三种效应导致，且这种效应强于去除多网络企业的溢出效应和市场势力效应时导致的价格下降。这间接证明了第三种影响因素的存在，并且这种影响因素主导了多网络企业的定价策略。

以上反事实分析说明，多操作系统通信运营商会为大操作系统设定相对低的价格以提高市场集中度，进而达到长期利润最大化。这一发现与第二章中多网络企业的动态定价策略一致。如果是单操作系统通信运营商，则这一定价策略不成立。事实上，与此相反，根据 Cabral（2011）的研究结果，在单网络通信运营商的动态定价博弈中，网络规模越大，产品价格越高。

三　运营商合并对手机价格、消费者和企业的影响

如第四章中所介绍的，长期以来，美国移动通信行业呈现高度市场集中化，与此同时，这个行业的兼并与收购活动也十分活跃，一系列的并购案例带来了市场集中度、服务价格、手机价格和市场需求的不断波动。与其他行业的反垄断分析一样，通信行业的企业合并密切影响着消费者福利和运营商利润。

2011 年，AT&T 宣称其将收购 T-Mobile，这两个公司分别为美国第二大和第四大通信运营商，它们的合并将对市场造成巨大的冲击。对此，美国司法部反垄断局进行了深入的调查，并根据调查结果驳回了 AT&T 的并购申请，原因是考虑到并购所导致的手机价格和通信服务价格上升会大大降低消费者福利。

然而，2020 年 T-Mobile 成功收购了 Sprint，这两个公司分别为当时美国市场上的第四大和第三大通信运营商，两个公司的合并对市场结构、消费者需求和运营商利润产生了重大影响。本节将利用样本期间的数据，通过反事实分析法来定量研究在样本期间 T-Mobile 收购 Sprint 给消费者和运营商带来的影响。在样本期

间，真实数据中原本有 Verizon、AT&T、Sprint 和 T-Mobile 四大通信运营商，在收购之后市场上还存在三大通信运营商，即 Verizon、AT&T 和 T-Mobile。

T-Mobile 收购 Sprint 对运营商选择的合约手机价格有两个正向影响。第一，收购之后运营商之间的竞争程度下降。这使得所有运营商都会提高手机价格，因为收购之后消费者面临的手机选项（运营商-操作系统）减少，这降低了消费者在不同选项之间的需求价格弹性，为运营商提供了提高价格的空间。第二，T-Mobile收购 Sprint 之后，可以内生化这两个运营商原有的手机选项之间的竞争，也给 T-Mobile 带来了提高价格的空间。内生化是指 T-Mobile 在为其原有手机选择价格时会考虑这些手机与 Sprint 原有手机之间的竞争性。与前文分析的多网络企业通过销售多个产品而获得强市场势力一样，T-Mobile 通过销售两个企业原有的所有产品提升了市场势力，从而可以选择更高的手机价格。

具体而言，在收购发生之前，如果 T-Mobile 提高其手机的价格，那么一部分消费者会转而购买 Sprint 的手机，T-Mobile 便不能从这部分转移消费者身上获得任何利润；而在收购发生之后，如果 T-Mobile 提高其原有手机的价格，那么一部分消费者会转而购买 Sprint 的原有手机，但由于收购发生之后 Sprint 的原有手机都由 T-Mobile 销售，所以 T-Mobile 依然可以从这部分转移消费者身上获得利润。因此，在收购发生之后，T-Mobile 可以提高其原有产品的价格，而不会损失消费者数量。

此外，由于相互竞争的运营商所选择的手机价格之间具有策略互补性（Strategic Complementarity），这意味着 T-Mobile 在提高价格的同时也给其竞争企业（Verizon 和 AT&T）带来了提高价格的空间。在均衡时，所有运营商的手机价格都将上升。

在计算反事实情形下的价格时，合并了 T-Mobile 和 Sprint 的原有手机产品。具体而言，并购后的 T-Mobile 销售 4 个手机产品（对应真实数据中 4 个操作系统的手机），而不是 8 个手机产品（对应真实数据中 T-Mobile 和 Sprint 分别销售的 4 个操作系统的手机）。在构造合并后的手机参数时，假定每一个合并后的操作系统的手机参数是 T-Mobile 和 Sprint 原有的该操作系统手机参数的平均值。

合并后的"运营商-操作系统"固定效应为结构模型估计出的两个运营商分别与该操作系统组合的固定效应的平均值。假设未被观测的质量和成本冲击 $(\hat{\xi}_{sct}, \hat{\lambda}_{sct})$ 是结构模型中的估计值。在反事实情形下，操作系统在样本期间第一期的用户规模与真实数据中第一期的用户规模相同。而在接下来的每一期，每个操作系统的用户规模会随着收购发生之后新的均衡手机价格和消费者需求而变化。

在收购发生之后，每个运营商面临的优化问题依然是通过选择手机价格来最大化其长期总利润，并同时与其他运营商进行竞争，因此在这个反事实分析中需要求解 Verizon、AT&T 和 T-Mobile的新动态定价博弈的均衡价格。求解手机价格时需要用到运营商长期利润最大化时对手机价格的一阶条件，而推导这些一阶条件涉及运营商在反事实情形下的值函数。由于在收购发生之后，每个运营商的利润都会发生变化，因此反事实情形下运营商的值函数与原结构模型中的值函数不同。为此，使用与前文计算反事实情形下值函数相同的递归方法和函数近似方法。在得到近似的值函数后，便可以用一阶条件计算出反事实情形下的手机价格、手机销量、运营商利润以及各操作系统的市场份额。

表 6-5 展示了反事实情形下的手机价格和运营商利润，并比较了反事实情形下与真实数据中的手机价格和运营商利润的差异。第（1）列显示了反事实情形下手机价格与真实数据中手机价格的差额，第（2）列是反事实情形下的手机价格，第（3）列是运营商在反事实情形下的利润与根据数据和模型计算出的运营商利润的变化情况，第（4）列是运营商在反事实情形下的利润。

表 6-5　运营商合并对手机价格和运营商利润的影响

运营商-操作系统	（1）手机价格差额（100 美元）	（2）手机价格（100 美元）	（3）运营商利润变化（10 亿美元）	（4）运营商利润（10 亿美元）
Verizon-iOS	2.171	4.432		
Verizon-Android	1.171	2.378		
Verizon-BlackBerry	−0.738	0.706	20.185（13.82%）	166.20
Verizon-Windows Phone	0.565	1.611		
AT&T-iOS	3.648	5.631		
AT&T-Android	3.037	4.013		
AT&T-BlackBerry	1.664	2.549	27.194（21.24%）	155.22
AT&T-Windows Phone	2.819	3.581		
T-Mobile-iOS	1.087	3.250		
T-Mobile-Android	0.248	1.019		
T-Mobile-BlackBerry	−1.280	0.220	14.954（14.24%）	119.97
T-Mobile-Windows Phone	0.397	0.919		

从表 6-5 可以发现以下结果。在两个运营商合并之后，所有运营商将提高大多数智能手机的价格。第（1）列显示，在三个运营商中，AT&T 的价格涨幅最大，这与第五章表 5-2 中消费者对 AT&T 手机的需求价格弹性较小的结果一致。在所有操作系统中，iOS 操作系统的手机的价格涨幅最大，这是由于 iOS 操作系统的手机的需求价格弹性较小。第（2）列显示，在收购发生之后，iOS 操作系统的手机的价格仍然最高，其次是 Android 操作系统的手机，BlackBerry 操作系统的手机的价格最低。

第（3）列和第（4）列显示了 T-Mobile 和 Sprint 合并对运营商利润的影响。结果显示，Verizon、AT&T 和 T-Mobile 的利润增长率分别为 13.82%、21.24% 和 14.24%。[①] 因此，在合并发生之后，不仅合并的运营商的利润会增长，其竞争对手的利润也会增长。此外，第（4）列中显示的运营商利润与运营商年度报告中的利润很接近。[②] 但在所有的运营商中，Verizon 在样本期间的总利润仍然最高，而 T-Mobile 的总利润最低。

一个有趣的发现是，T-Mobile 收购 Sprint 不仅会使其利润增加，而且会使其竞争对手（Verizon 和 AT&T）的利润也增加。在传统的伯川德（Bertrand）价格竞争模型中，相互竞争的商品均衡价格之间具有互补性，即不同商品均衡价格之间的偏导数为正，因此 T-Mobile 在收购 Sprint 之后提高手机价格使得 Verizon 和 AT&T 都可以提高手机价格，即使手机销量下降，所有运营商

[①] 计算 T-Mobile 的利润变化时，将真实数据中 Sprint 和 T-Mobile 的利润相加。

[②] 运营商年度报告可从各运营商的官网下载。

的利润也依然会上升。

在得到反事实情形下的均衡价格后，可以计算消费者对手机的需求，并分析收购对消费者剩余的影响。在离散选择需求模型中，消费者剩余的计算可以参考 Train（2009）的方法。通过与真实数据中价格所产生的消费者剩余相比，可以发现在样本期间，T-Mobile 收购 Sprint 会导致消费者剩余减少 5 亿美元。[①]

消费者剩余的减少由两个因素造成。第一，收购发生之后，所有运营商都提高了手机价格，这直接降低了消费者对手机的需求，损害了消费者福利。第二，网络效应的减弱和操作系统网络规模的缩小加剧了消费者福利的损失，在消费者需求降低后，每个操作系统能够吸引的消费者数量大大减少，操作系统网络规模的缩小意味着网络效应带给每个消费者的正向效用的降低，因此操作系统的网络效应也使得消费者福利在需求下降后进一步减弱。

由于运营商在收购发生之后提高了手机价格，运营商和操作系统的市场份额也会相应变化。图 6-2 绘制了样本期间反事实情形下以及真实数据中操作系统和运营商的累计市场份额。图 6-2（a）和（c）分别显示了反事实情形下和真实数据中操作系统的累计市场份额。可以发现，iOS 的市场份额在收购发生之后会降低，而其他操作系统的市场份额则不会有大的变化。这主要是由于在四大操作系统中，iOS 的价格提高最多，这对其销量和网络

---

① 这一消费者剩余损失比单操作系统反事实情形下的损失要小。与单操作系统反事实情形相比，运营商仍然是多操作系统的企业，因此在收购发生之后会选择相对较低的 iOS 和 Android 价格，从而增加了消费者剩余。

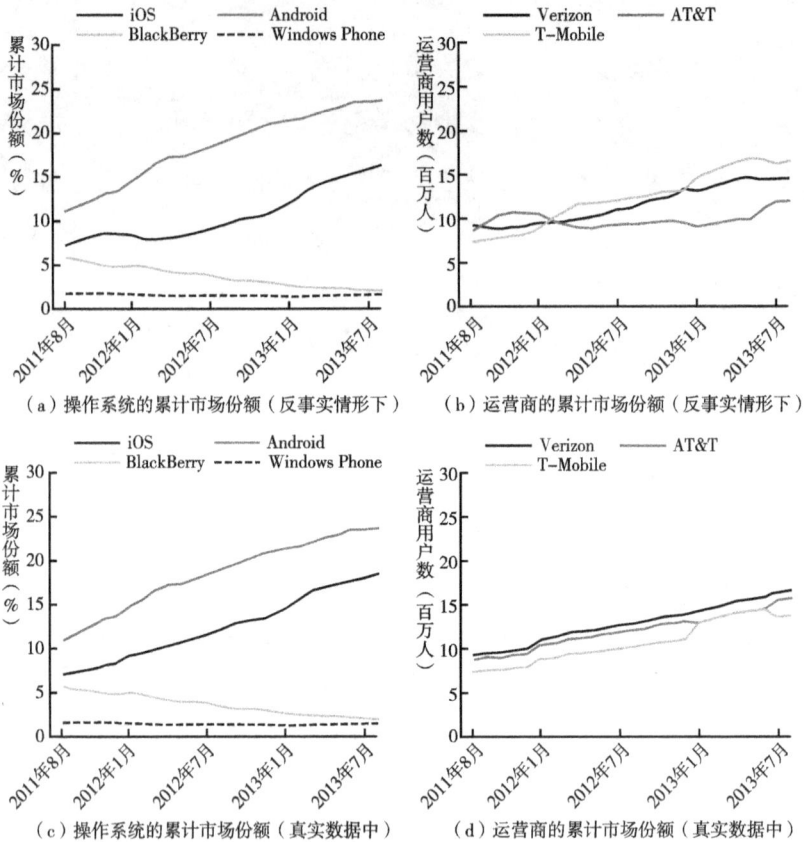

图6-2 T-Mobile 收购 Sprint 对操作系统和运营商市场份额的影响

规模造成了较大的负向影响。对于其他三个操作系统，虽然手机价格上涨会在一定程度上降低消费者需求，但由于 iOS 的高价使其竞争效应减弱，因此在均衡状态下，这三个操作系统的市场份额与真实数据中较接近。

图6-2（b）和（d）分别显示了反事实情形下和真实数据中运营商的累计市场份额。由于 T-Mobile 的手机价格相对于其他运

营商较低，在收购发生之后它将成为反事实情形下拥有最多用户的运营商。截至 2013 年 7 月，T-Mobile 的绝对市场份额从真实数据中的 13.78% 上升至反事实情形下的 16.66%，而 AT&T 的市场份额从 15.68% 下降到 12.09%，Verizon 的市场份额则从 16.63% 下降到 14.63%。尽管如此，三个运营商的利润在收购发生之后都会增加，其中 T-Mobile 的总利润最低。

市场监管部门会因消费者福利受损而拒绝与拥有市场势力的企业进行合并，这从本节的定量分析中可以看出，运营商之间的收购与合并会使运营商利润上升，但会损害消费者福利。因此，拒绝企业的收购或合并可以保护消费者福利。此外，本节一个有趣的发现是，不仅发生并购的运营商的利润会上升，其他没有发生并购的运营商的利润也会上升。

四　反事实分析结论

在全世界范围内，许多行业的企业具有多网络特征，如销售多个操作系统智能手机的通信企业、销售多家制造商车型的汽车经销商，以及销售多个电视台频道的电视广播企业。然而，现有文献尚未对多网络企业的定价策略和福利影响进行研究。

本书研究了多网络企业的动态定价策略。尽管多网络企业与单网络企业面临相同的投资–收获权衡问题，但前者的定价问题相对复杂。与单网络企业的定价问题相比，多网络企业的定价问题存在以下差别。第一，由于企业共享同样的网络，多网络企业之间存在正向溢出效应，这削弱了企业以低价换取网络规模增长的动机。第二，相较于单网络企业，多网络企业具有更强的市场势力，能够将不同网络间的竞争内部化，这一效应对价格也有正向影响。第三，多网络企业偏好于更高的市场集中度，以增加长期利润，因此会为大规模网络设定低价，为小规模网络设定高价。

为了从实证角度探究多网络企业的定价策略，本书聚焦美国智能手机行业，建立消费者需求和企业动态定价博弈的结构模型。在模型中，消费者进行两年合约下的智能手机购买决策，通信运营商则进行有限期动态定价博弈。本书选用 2011~2013 年的月度手机数据，采用 GMM 方法估计模型中的参数，并通过工具变量解决手机价格和操作系统网络规模的内生性问题。

估计结果显示，操作系统的网络效应显著为正，且通信运营商对小操作系统（BlackBerry 和 Windows Phone）的成本溢价高于其对大操作系统（iOS 和 Android）的成本溢价。

在第一个反事实分析中，首先考虑了操作系统的网络效应对消费者的智能手机需求的影响，以及对操作系统市场结构的影响。结果显示，操作系统的网络效应大大提高了智能手机的市场渗透率和市场集中度，并且增加了消费者福利。其次分析了操作系统的网络效应对手机价格的影响。结果表明，网络效应对大操作系统的手机价格有负向影响，对小操作系统的手机价格有正向影响。

在第二个反事实分析中，假设通信运营商为单网络企业，重新求解运营商之间的动态定价博弈，计算各运营商的均衡价格和消费者需求。结果表明，单网络企业会提高大操作系统的价格，降低小操作系统的价格。因此，不同于 Cabral（2011）研究中单网络企业的情形，多网络通信运营商会为大操作系统设定低价。

在单网络企业情形下，企业利润上升，但消费者剩余下降。为了分离多网络和单网络之间三种差别的影响，本章进一步设计并分析了四个反事实情形。结果表明，多网络企业的网络溢出效应和市场势力加成效应对智能手机价格的影响为正。结合总体影响，可以发现第三种效应——多操作系统通信运营商对操作系统市场集中度的偏好会使运营商倾向于为大操作系统设定更低的价格。

在第三个反事实分析中，考虑了两大运营商合并对市场结构、手机价格和消费者需求的影响。结果表明，首先，在合并发生之后，所有运营商都将提高手机价格，这主要是运营商之间价格的战略互补性导致的。其次，在合并发生之后，所有运营商的利润都将上升。最后，合并将导致消费者福利受到很大的损失。

随着越来越多的行业（如线上购物、物流配送、流媒体视频、电动汽车、在线视频等）发展依托于网络效应，识别网络效应并衡量其对市场结构和社会福利的影响越来越重要。当一个行业存在多网络特征时，对这个行业内企业的定价和其他竞争策略的研究不仅应当考虑其投资-收获权衡问题，而且应当考虑溢出效应、市场势力加成效应以及企业对网络集中度的偏好问题。此外，网络效应所反映的网络正外部性意味着消费者剩余可能随网络集中化而提高。因此，反垄断法规也需要考虑网络的市场集中化对社会福利可能产生的正面影响。

参考文献

［1］ Cabral, L. , "Dynamic Price Competition with Network Effects", *The Review of Economic Studies*, 2011, 78 (1), pp. 83-111.

［2］ Liu, Y. , Luo, R. , "Network Effects and Multinetwork Sellers' Dynamic Pricing in the U. S. Smartphone Market", *Management Science*, 2022.

［3］ Train, K. E. , *Discrete Choice Methods with Simulation*, Cambridge University Press, 2009.

图书在版编目(CIP)数据

网络效应与企业动态定价 / 罗茸著 . --北京:社
会科学文献出版社,2023.4(2024.5 重印)
ISBN 978-7-5228-1820-7

Ⅰ.①网… Ⅱ.①罗… Ⅲ.①网络公司-企业定价-
研究 Ⅳ.①F274

中国国家版本馆 CIP 数据核字(2023)第 088573 号

网络效应与企业动态定价

著　　者 / 罗　茸

出 版 人 / 冀祥德
责任编辑 / 冯咏梅
责任印制 / 王京美

出　　版 / 社会科学文献出版社·经济与管理分社 (010)59367226
　　　　　　地址:北京市北三环中路甲 29 号院华龙大厦　邮编:100029
　　　　　　网址:www.ssap.com.cn
发　　行 / 社会科学文献出版社 (010)59367028
印　　装 / 河北虎彩印刷有限公司

规　　格 / 开　本:787mm×1092mm　1/16
　　　　　　印　张:10.5　字　数:110 千字
版　　次 / 2023 年 4 月第 1 版　2024 年 5 月第 2 次印刷
书　　号 / ISBN 978-7-5228-1820-7
定　　价 / 89.00 元

读者服务电话:4008918866